# 尚江千軒遺跡

琵琶湖湖底遺跡の調査・研究

滋賀県立大学人間文化学部　林博通研究室編

# 例　　　言

1. 琵琶湖の湖底や沿岸部には、遺跡の表面や遺構面が現琵琶湖の基準水位（標高84.371m）よりも低位の遺跡が90前後あるが、そのうち水没村の伝承をもつ湖底遺跡は12遺跡ほどある。滋賀県立大学人間文化学部地域文化学科林博通ゼミではこの「千軒伝承湖底遺跡」に焦点を当て、平成9年度（1997年度）からその実態解明に取り組んできた。

    既に、三ツ矢千軒遺跡（高島郡高島町所在）の調査・研究については2003年に報告している（林博通「琵琶湖湖底遺跡の研究－三ツ矢千軒遺跡の調査－」『環琵琶湖地域論』思文閣出版2003年）。

    本書はこの湖底遺跡調査のうち、尚江千軒遺跡（坂田郡米原町所在）に関する調査・研究の報告である。

2. 尚江千軒遺跡は平成10年度（1998年度）～平成15年度（2003年度）に調査を実施した。調査方法はスキューバダイビングによる潜水調査・素潜り調査・水中ロボット調査・平板測量調査・聞取り調査などである。調査には本学部の湖底遺跡調査船ゲンゴロー（1.1t、12人乗り）、水中ＴＶロボットゲンゴローJr.（DELTA—100）を使用した。

3. 本調査は文部省科学研究費補助金・滋賀県立大学特別研究費・滋賀大学等学術文化振興財団助成金等により実施した。

4. 本調査に従事した学生は次のとおりである。

    平成10年度：［4回生］宇都寿幸・吉田一子・服部美紀（以上ダイバー）・才本佳孝、［3回生］三木章・桑島心、［研究生］羽生由喜子

    平成11年度：［大学院修士1回生］羽生由喜子、［4回生］三木章、［1回生］田川智子、［研究生］宇都寿幸、［O.B.］吉田一子

    平成12年度：［4回生］泉真吾・上谷篤史・杉村知子、［2回生］田川智子・坂井美菜子・平田美弥子・松吉真弓・南健太郎・渡邊玄

    平成13年度：［3回生］田川智子・坂井美菜子（以上ダイバー）・宮脇史朗、［2回生］石塚潔子・小谷春香・嘉瀬井陽子

    平成14年度：［4回生］田川智子・坂井美菜子（以上ダイバー）・宮脇史朗、［3回生］藤井克哉・石塚潔子（以上ダイバー）・小谷春香・嘉瀬井陽子、［2回生］安居大輔（ダイバー）

    平成15年度：［4回生］藤井克哉・石塚潔子（以上ダイバー）、［3回生］安居大輔（ダイバー）、［1回生］中居和志・小澤美緒

5. これまで、湖底遺跡調査に従事し、その調査成果や検討結果に基づいて卒業論文に活かしまとめたものには次のものがある。

    | 宇都寿幸 | 『琵琶湖湖底遺跡－千軒遺跡を中心として－』 | 平成10年度 |
    | 三木　章 | 『多景島と琵琶湖湖底遺跡』 | 平成11年度 |
    | 上谷篤史 | 『琵琶湖湖底遺跡－葛籠尾崎湖底遺跡についての一考察－』 | 平成12年度 |
    | 泉　真吾 | 『琵琶湖湖底遺跡の研究－湖北長浜を中心として－』 | 平成12年度 |
    | 杉村知子 | 『琵琶湖湖底遺跡・尚江千軒遺跡に関する一考察』 | 平成12年度 |
    | 田川智子 | 『琵琶湖の水没伝承遺跡－尚江千軒遺跡に関する考察－』 | 平成14年度 |
    | 石塚潔子 | 『琵琶湖に残る水没伝承村』 | 平成15年度 |
    | 藤井克哉 | 『琵琶湖と丸木舟』 | 平成15年度 |

6. 本報告は調査を担当・実施した滋賀県立大学人間文化学部地域文化学科教授林博通が執筆・編集した。まとめるに当たっては田川智子・石塚潔子が整理調査に従事したが、製図の大半は石塚潔子による。

7. 本調査・研究に当たっては、米原町教育委員会生涯学習課課長中井均氏、米原町筑摩神社、琵琶湖博物館専門学芸員兼企画調整課長用田政晴氏、京都府埋蔵文化財調査研究センター調査第一課長森下衛氏、同調査第二課調査員高野陽子氏、彦根市教育委員会文化財課主任水谷千恵氏にご協力いただいた。

# 目　　　　次

1．琵琶湖の水位と水没村ほか伝承の湖底遺跡 ………………………… 4

2．尚江千軒遺跡の位置と環境 ……………………………………………… 8

3．調査方法とその問題点 …………………………………………………… 12
　（1）調査方法 …………………………………………………………… 12
　（2）問題点・課題 ……………………………………………………… 12

4．尚江千軒遺跡の伝承・口伝 ……………………………………………… 14
　（1）坂田郡志にみる尚江千軒 ………………………………………… 14
　（2）筑摩神社所蔵の古絵図と『筑摩大神之記』 …………………… 15
　　1）古絵図と筑摩神社 ……………………………………………… 15
　　2）村の位置関係 …………………………………………………… 16
　　3）七ヶ寺の位置関係 ……………………………………………… 17
　　4）絵図の筑摩神社と現在の筑摩神社 …………………………… 18
　　5）『筑摩大神之紀』の記載内容と絵図 ………………………… 18
　　6）『筑摩大神之紀』のその他の記載 …………………………… 19
　　7）小　結 …………………………………………………………… 19
　（3）尚江千軒遺跡に関する口伝 ……………………………………… 20

5．尚江千軒遺跡の調査 ……………………………………………………… 23
　（1）朝妻湊地区 ………………………………………………………… 23
　　1）調査状況 ………………………………………………………… 23
　　2）遺　物 …………………………………………………………… 25
　　3）小　結 …………………………………………………………… 33
　（2）筑摩神社沖地区 …………………………………………………… 37
　　1）調査状況 ………………………………………………………… 37
　　2）遺　構 …………………………………………………………… 37
　　3）遺　物 …………………………………………………………… 46
　　4）小　結 …………………………………………………………… 46

6．結　語 ……………………………………………………………………… 50

# 1．琵琶湖の水位と水没村ほか伝承の湖底遺跡

　太古の時代、琵琶湖（古琵琶湖）は、現在の三重県伊賀周辺や甲賀・日野周辺・蒲生周辺など各地をさまよい、現在の位置に落ち着いたのは30～40万年前といわれる。琵琶湖周辺でのこの頃の人類の営みの形跡は未発見で、現在のところ後期旧石器時代の終末期（１万数千年前頃）に使用された石器類数十点が各所で散発的に発見されている程度である。琵琶湖がほぼ現在の姿になったのはちょうどこの頃といわれる。その後、琵琶湖沿岸の景観は河川から流出する土砂や琵琶湖の波の影響、人為的な埋め立てなどにより、湖岸線をさまざまに変形させながら今日にいたっているが、微小な湖岸線の変化は極端にいえば、毎日変化している。縄文時代以降、この琵琶湖周辺地域には多くの遺跡が認められるようになり、安定した生活環境が整ってきて今日にいたっている。

　琵琶湖の湖水は自然河川では唯一、瀬田川から流出する。ただ、明治23年（1890）に大津市三保ヶ崎に琵琶湖疏水が、大正２年（1913）に南郷洗堰の360ｍ上流に宇治水力発電の疏水が開設され、人為的に通水が行われている。この湖水量の多寡あるいは湖水面の高低はその流出量によって左右されるが、近世の資料によると、瀬田川に溜まった土砂の浚渫の有無が湖辺住民の生活に著しくかかわっていることが窺われる。

　現在の琵琶湖の水位は、明治38年（1905）に瀬田川に設置され、昭和36年（1961）に改設された南郷洗堰によって人為的に調節されている。そして、琵琶湖の基準水位は明治７年（1874）に、これ以上の水位低下は予想し得ないという判断に基づいて任意に設定された鳥居川量水標の０点を基準として計測されているが、平成４年（1992）からは大津市三保ヶ崎、大津市堅田、彦根市彦根港、高月町片山、高島町大溝の五カ所の観測データの平均値が公表されている。この０点は標高84.371ｍに当たる。

　琵琶湖の水位の歴史的変遷については明確な記録が少なく、その変化を具体的にあとづけることは容易ではない。琵琶湖の水位に関する定量的な記録は享保３年（1718）以降、膳所藩の北山田・下笠および彦根藩の新海での観測記録が残されている。観測体制が整うのは明治45年（1912）のことである。鳥居川量水標設置以前の膳所藩・彦根藩の水位観測の基準については明確ではないが、残された記録からその基準が二種類割り出されている。秋田裕毅氏[註1]（以後Ａとする）と池淵周一氏ほか[註2]（以後Ｉとする）によるもので、結論だけを標高に換算して述べると、享保から、天保の瀬田川大浚渫以前の膳所藩の北山田の定水基準は、Ａは84.89ｍ、Ｉは84.864ｍ、浚渫以後は、Ａは84.37ｍ、Ｉは84.561ｍであるとし、享保以後の常水位を観測記録から復元している。

　例えば、浚渫前の享保６年（1721）は、Ａは85.22ｍ、Ｉは数式により85.186ｍ、天保元年（1830）

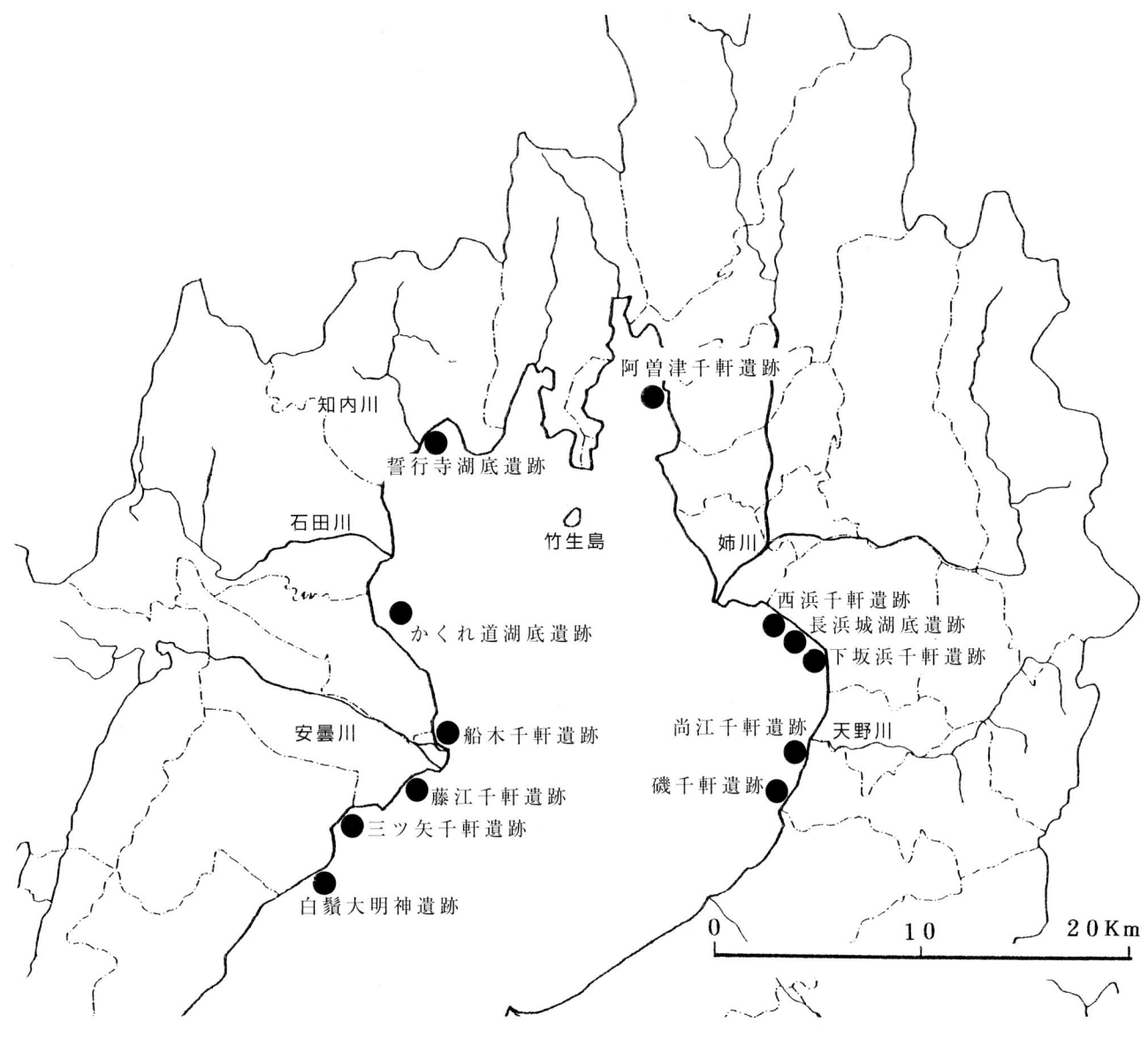

第1図　琵琶湖における水没村ほか伝承・口伝の湖底遺跡

は、Aは85.49m、Ｉは85.469m、浚渫後の天保6年（1835）は、Aは84.93m、Ｉは85.273m、琵琶湖疏水開設直前の明治23年（1889）は、Aは85.45m、Ｉは85.229m、開設後の明治23年は、Aは85.42m、Ｉは85.066mとされ、いずれも現在よりかなり高水位であったことが知られる。享保2年（1717）以前の琵琶湖水位の具体的数値については不明と言わざるを得ない。

　琵琶湖の水位や汀線の変動については、これまでに考古学・歴史地理学・地震学・地学・地質学など多くの視点からの検討がなされてきたが、さまざまな要素が複合的に関係するため、いまだ一定の合意に達する段階にはいたっていない[註3]。例えば、湖底遺跡の分布高度に基づく時系列の水位変動に関しては、その遺跡の成立時から現在までに地震や断層運動などの構造運動によるなんらかの地盤変動がその遺跡周辺において一度でも生じたとすれば、その高度の数値は全く意味をなさないものになる。この方法が有効なものであるためには、きわめて困難な作業ではあるが、各遺跡における立地条件を細かく検討し、その高度が遺跡成立時から現在まで不変であることを証明する必要がある。

第1表　琵琶湖における水没村ほか伝承・口伝の湖底遺跡一覧

| 遺　跡　名 | 所　在　地 | 備　　　　考 |
|---|---|---|
| ①白鬚大明神遺跡 | 高島郡高島町鵜川　白鬚神社沖 | 『近江輿地志略』・口伝　石列 |
| ②三ツ矢千軒遺跡 | 同高島町永田地先 | 『高島郡誌』『環琵琶湖地域論』石壘・角柱・杭列・立木根等 |
| ③藤江千軒遺跡 | 同安曇川町四津川地先 | 『高島郡誌』『安曇川のむかし話』湖岸に須恵器 |
| ④船木千軒遺跡 | 同安曇川町北船木地先 | 『高島郡誌』 |
| ⑤かくれ道湖底遺跡 | 同新旭町森浜地先 | 『琵琶湖岸・湖底遺跡分布調査概要Ⅰ』弥生土器ほか |
| ⑥誓行寺湖底遺跡 | 同マキノ町西浜地先 | 『歴史研究』8（高島高校歴史研究会） |
| ⑦阿曽津千軒遺跡 | 伊香郡高月町西野・木之本町山梨子地先 | 『西浅井のむかし話』弥生土器・土師器・石垣状遺構・木枠 |
| ⑧西浜千軒遺跡 | 長浜市祇園町地先 | 『近江坂田郡誌』 |
| ⑨長浜城湖底遺跡 | 同公園町地先 | 『近江坂田郡誌』 |
| ⑩下坂浜千軒遺跡 | 同下浜町・平方町地先 | 『近江坂田郡誌』 |
| ⑪尚江千軒遺跡 | 坂田郡米原町朝妻筑摩地先 | 『近江坂田郡誌』縄文土器・須恵器・瓦・石群・土坑状遺構等 |
| ⑫磯千軒遺跡 | 同米原町磯地先 | 『近江坂田郡誌』 |

　事例を挙げると、新旭町針江浜遺跡においては、古墳時代と想定され、水田跡や畦道状遺構が検出された第1遺構面は標高82.3m前後、弥生中期前葉の遺物を伴う掘立柱建物や溝、噴砂跡などが検出された第2遺構面は標高81.8m前後、弥生前期の遺物を伴う竪穴住居や掘立柱建物などが検出された第3遺構面は標高81.5m前後、縄文後期〜晩期の土器の包含層が検出された第四遺構面は標高81.0mを測ることが判明している。[註4]しかし、それぞれの遺構面の高さは当時の高度をそのまま今日まで保持しているとはいいがたい。すでに第2遺構面の弥生中期前葉時点で大地震に伴う噴砂が認められ、液状化現象によって地盤沈下が生じている。したがって、この第2〜第4遺構面はすでにこの段階でその高度は原位置より低下しているとみなければならない。そして、その後もこの遺跡一帯は元暦2年（1185、推定M7.4前後）や正中2年（1325、推定M6.5以上）、寛文2年（1662、推定M7.25〜7.6）など多くの大地震の影響を受け、断層運動あるいはそれに伴う圧密沈下等により高度を下げている可能性は十分考えられるのである。

　また、地盤の構造運動の研究に関しては、考古学をはじめとする歴史学的見地からみれば、その論拠とする資料が比較的ラフで、仮定に因る比重が大きく、具体性に乏しいきらいが見受けられる。

　琵琶湖の湖底や沿岸部には遺跡の表面や遺構面が現在の基準水位（84.371m）よりも低位の遺跡が多く存在し、われわれはこれを湖底遺跡と称しているが、村が湖底に沈んだとする、いわゆる千軒伝承をもつ12遺跡を含めると、琵琶湖湖底遺跡は90前後の数をかぞえる。これまで、特に浅位部の湖底遺跡は琵琶湖総合開発事業に伴ってかなりの地点で調査され、実態が判明しつつある。

　琵琶湖湖底遺跡に関するこれまでの研究史やその成果については別稿で論じており[註5]、また、琵琶湖総合開発に伴う個々の湖底遺跡の調査成果については報告書で次々と提示されつつある[註6]ので、詳細はそれらに譲るが、水没村伝承遺跡に関する具体的調査はこれまで皆無に近い状況であったが、最近、「三ツ矢千軒遺跡」についてはその調査成果を公表した[註7]。

湖底に村が沈んだという伝承地すべてに「千軒」が付されているわけではない。水没村の伝承をもつものはいつとはなしに便宜的に「○○千軒」と呼ばれることが多く、この尚江千軒も三ツ矢千軒も『坂田郡志』や『高島郡誌』では千軒と呼ばれてはいない。その後、この水没伝承のある村が取り上げられる場合にいつの間にか「千軒」が付されるようになった。阿曽津千軒にしても磯千軒にしても同様のことがいえ、○○千軒の呼称はその村の規模とは何ら関係なく、水没伝承のある村を簡潔に表現できるため、便宜的にそう呼ばれるようになったものと考えられる。こうした点を顧慮したうえで今後も水没村伝承地は「千軒」を用いることとし、水没伝承のある長浜市の西浜村や下坂浜村についても西浜千軒や下坂浜千軒と呼ぶこととしたい[註8]。

## 【註】

1．秋田裕毅『びわ湖湖底遺跡の謎』(創元社　1997年)。この著書の内容には問題が多いが、享保3年(1718)以降の琵琶湖の水位の検討に関しては傾聴し得る点が多々ある。
2．池淵周一・庄建治朗・宮井宏「琵琶湖の歴史洪水の復元とその定性的検証」(『水文・水資源学会誌』8－1　1995年)
3．こうした研究史や問題点、今後の課題などを綱羅的に要領よくまとめたものに、次の論文がある。宮本真二・牧野厚史「琵琶湖の水位・汀線変動と人間活動―過去と現在をつなぐ視点―」(『地球環境』vol.7　No.1,17-36　㈳国際環境研究協会　2002)
4．①大沼芳幸「針江大川航路、針江浜遺跡」(『文化財調査出土遺物仮収納保管業務昭和62年度発掘調査概要』滋賀県教育委員会・滋賀県文化財保護協会　1988年)
　　②大沼芳幸「針江大川航路浚渫㈢針江浜遺跡」(『文化財調査出土遺物仮収納保管業務平成元年度発掘調査概要』滋賀県教育委員会・滋賀県文化財保護協会　1990年)
5．林博通「琵琶湖湖底遺跡研究序論」(『近江の歴史と考古』　2001年)
6．伊庭功・瀬口真司ほか『粟津湖底遺跡第三貝塚』(滋賀県教育委員会・滋賀県文化財保護協会　1997年)、田井中洋介・浜修ほか『赤野井湾遺跡』(滋賀県教育委員会・滋賀県文化財保護協会　1998年)、瀬口真司・中川治美ほか『琵琶湖北東部の湖底・湖岸遺跡』(滋賀県教育委員会・滋賀県文化財保護協会　2003年) ほか
7．林博通「琵琶湖湖底遺跡の研究－三ツ矢千軒遺跡の調査－」(『環琵琶湖地域論』　思文閣出版　2003年)
8．本章の本文は註7の第1章を一部加筆補訂して再録した。

## 2．尚江千軒遺跡の位置と環境

　尚江千軒遺跡(註1)は滋賀県の北東部、坂田郡米原町の湖岸から湖底にかけて存在する。鈴鹿山脈の霊仙山の山塊に源を発する天野川は西流して醒井・能登瀬・寺倉を経て自ら形成した沖積平野を貫流しながら琵琶湖に達している。その河口の南側が朝妻筑摩地区で、その南にかつては琵琶湖第二の内湖、入江内湖が存在していた。朝妻筑摩の湖岸や、入江内湖と琵琶湖の間には長大な浜堤が形成され、その浜堤上に朝妻筑摩の集落や筑摩神社、磯集落が営まれている。

　琵琶湖の北東部に位置するこの一帯は、琵琶湖が最大幅をもつ地域の東岸に当たる。このため、滋賀県の一般風のなかで、若狭湾からの北西風あるいは北寄りの風が卓越しているため、この一帯の湖岸には高波の打ち寄せられることが多く、比較的規模の大きな浜堤が形成される傾向にある。

　この湖岸周辺の遺跡をみてみると次のような遺跡が知られている。

　天野川河口の南岸の先端部には、現在天野川舟溜（朝妻漁港）がつくられているが、その一帯の湖岸には奈良時代から中世にかけての遺物が散布する朝妻港遺跡がある。「朝妻湊」は中世以前の湖東の要津として多くの文献に記され、東山道の美濃方面あるいは長浜・北陸方面に通じる港で、ここから大津あるいは坂本の港とつながる航路となっており、大いに賑わいをみせていたが、天正年間（1573〜92年）に「長浜湊」が、慶長8年（1603）、彦根藩によって「米原湊」が開かれると次第に衰微していった。しかし、この「朝妻湊」の具体的位置については明らかでなく、この遺物散布地がただちに「朝妻湊」に関連するものとは言い切れない。

　大野川河口から約300mさかのぼった左岸の浜堤部には灰釉陶器等の遺物が散布する中世の朝妻遺跡がある。また、朝妻筑摩集落の北寄りには現在中嶋神社があるが、そこを中心として200m×200mほどの範囲が16世紀後半頃の新庄氏の「朝妻城」と考えられている朝妻城遺跡がある。通称「殿屋敷」と呼ばれる地があり、近年まで四周に堀が巡っていて、現在もその痕跡が東辺と南辺に残っている(註2)。

　朝妻筑摩集落のある浜堤の東で、天野川と旧入江内湖との間の平地は、流路の氾濫による一部地割の乱れはあるものの、条里地割の姿をよくとどめており、旧地形をほぼ維持している。この平地にある筑摩佃遺跡では縄文早期・中期・晩期、弥生前期・中期の遺物包含層が確認されていて、縄文時代の生活面は標高83.0m〜84.0m、弥生時代の生活面は84.4m前後であったと想定されている(註3)。立花遺跡では縄文早期・中期、弥生前期・中期、古墳前期の土師器（庄内・布留式）・後期の須恵器、奈良〜平安時代の土器等が出土し、標高85.4m〜85.5mで弥生中期の遺構面が、85.8m〜86.2mで古墳後期の遺構面が確認されている(註4)。立花遺跡に隣接して大乾古墳群が検出され、周濠から6世紀前半

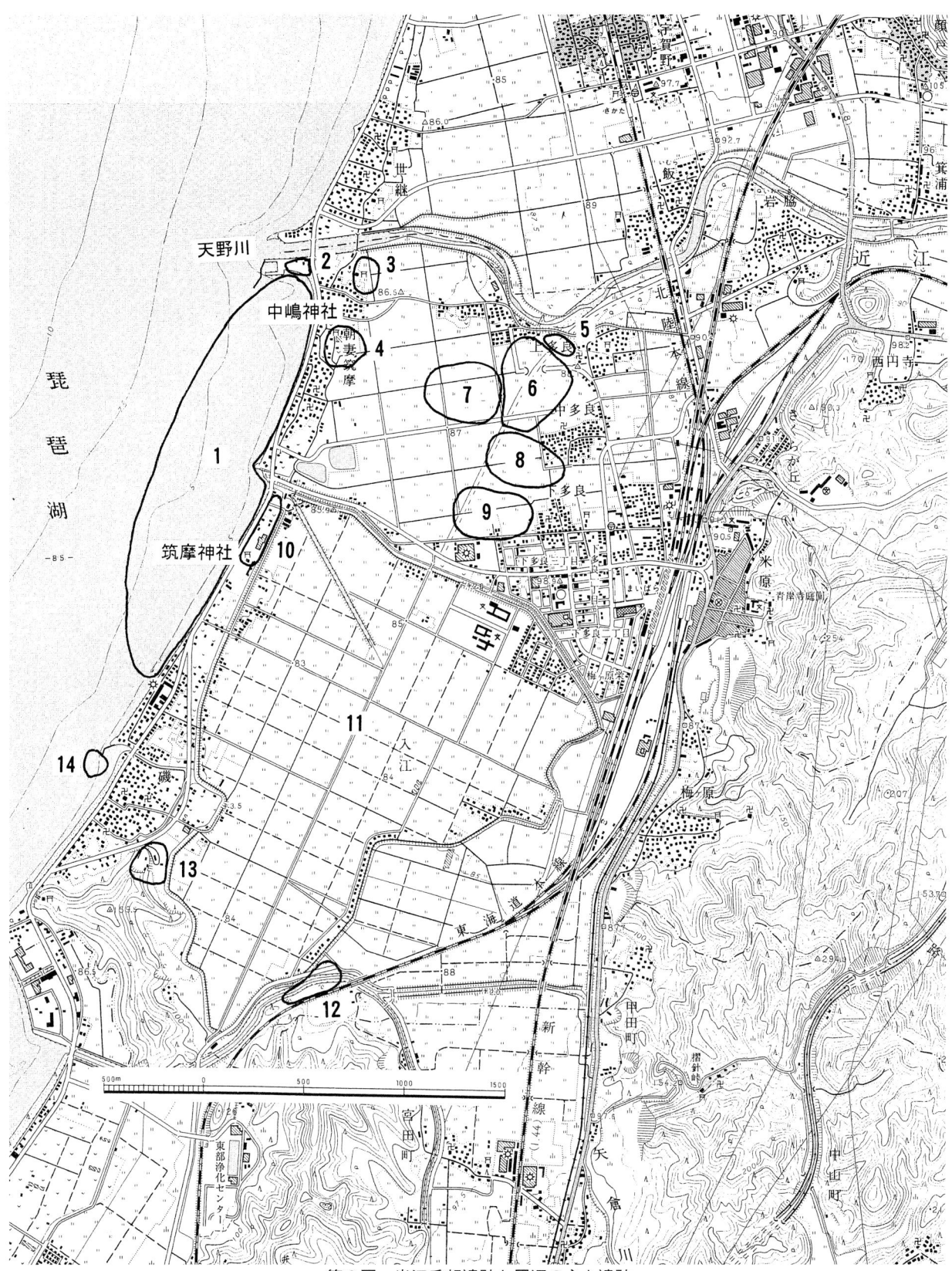

第2図　尚江千軒遺跡と周辺の主な遺跡

1．尚江千軒遺跡　2．朝妻港遺跡　3．朝妻遺跡
4．朝妻城遺跡　5．大乾古墳群　6．立花遺跡
7．筑摩佃遺跡　8．薗華寺遺跡　9．下定使遺跡
10．筑摩御厨跡遺跡　11．入江内湖遺跡　12．入江内湖西野遺跡
13．磯山城遺跡　14．磯湖底遺跡

（大正9年測量、平成9年修正測量の国土地理院作成の25,000分の1彦根東部による）

頃の人物埴輪や馬形埴輪、円筒埴輪などが出土している。遺構面は87.1m前後である[註5]。薗華寺遺跡では標高84.0m〜84.5mで古墳時代の遺物包含層が、標高85.0m付近で8世紀後半頃の遺物包含層が確認されている[註6]。下定使遺跡では古墳時代前期〜後期と奈良〜平安時代の遺物包含層が確認されている。前者は83.8m前後、後者は84.4m前後と想定される[註7]。

　旧入江内湖の全域からは縄文早期から平安後期に至るまで各時期の遺物が大量に出土している。この旧入江内湖湖底の調査のうち、その北端部では現地表面（干拓田）の標高は83.5m前後で、83.0m〜83.5mのスクモ層に古墳前期の遺物包含層が確認されている[註8]。

　入江内湖と琵琶湖との間には幅100〜300mの浜堤が南北に長く伸びており、その北半部、筑摩神社から入江橋にかけては奈良〜平安時代の遺物が散布する筑摩御厨跡遺跡がある。その北端部において発掘調査がなされ、標高83.3m前後に豊富に遺物の出土する包含層が確認されている。遺物は8世紀末〜9世紀（平安初期）と11世紀後半〜12世紀前半（平安後期）のものに二分され、前者には「月足」「郡」などの墨書土器・文具用品としての大小の刀子類・風字硯・転用硯・緑釉陶器など官衙的遺物が多く含まれている。このため、『類聚三代格』や『日本三大実録』『扶桑略記』などの記事から、遅くとも元慶7年（883）には存在し、延久2年（1070）に廃止された「筑摩御厨」に伴う遺物とみられている。平城宮出土木簡では、八世紀前半に筑摩から御贄が貢進されたことを示す木簡3点が出土していて、「筑摩御厨」がこのころにまでさかのぼる可能性がある。調査地の近くにこうした「筑摩御厨」の施設があったものと思われる[註9]。また、この調査に先だつ試掘調査において、調査地の沖合309m、水深約4mまでの地点13カ所をハンマーグラブ掘削機により湖底面から3mの深さまで試掘して遺物の有無や土層を調べている。遺物は皆無であったが、上下2層のスクモ層が確認され、最も沖合の試掘地点の水深は約4mを測るが、この地点では湖底面から約1.2mと約2.5mの地点でスクモ層があり、これらはさらに沖合に続いている[註10]。

　磯地区の磯漁港入口の南西側に当たる、漁港の南の湖岸から約120m沖合の湖底で試掘調査が行われ、標高80.1m〜80.7mで縄文前期の遺物包含層が確認されている[註11]。また、磯漁港の南方の湖岸には須恵器・土師器の散布する磯湖岸遺跡がある。磯山の東麓で、入江内湖の南岸に当たる地点での磯山城遺跡の調査では、標高85.5m前後のベースを掘り込んで7世紀の住居跡が検出され、その下層の83.0m地点では縄文早期の2体の人骨が投棄された状態で発見されていて、このころの水位は81.0m〜82.0mと想定されている。一帯からは縄文各時期の遺物も豊富に出土している[註12]。

　旧入江内湖の東南部、入江内湖西野遺跡では古墳時代中期末の多くの遺物とともに掘立柱建物や溝状遺構、木の実の入ったピット等が検出され、この頃の汀線は84.6m付近と想定されている[註13]。

　ただ、これらの遺跡の遺構面や遺物包含層の高度は、あくまでも現代における発掘調査時点での数値であり、前章で述べたように必ずしも当時の原位置を保持しているとはいいきれない。現在までに生起した地震による断層運動や圧密沈下等を考慮した検討が必要である。

　本調査対象遺跡、尚江千軒遺跡は天野川河口左岸の朝妻湊遺跡のすぐ南西の湖底から、南の現在の磯集落北半部の湖底にかけての南北約2,000m、沖合約800mの範囲である。後述のごとく、一帯は水没村の口伝の残る小字「中島」「直居」の沖合で朝妻湊推定地にもなっている地点や筑摩神社に残る

絵図の「神立」推定地を含む範囲で、何れも原始・古代・中世の土器等が散布する。このうち、実際に調査したのは北部の小字「中島」「直居」の沖合一帯と筑摩神社の沖合一帯で、前者を「朝妻湊地区」、後者を「筑摩神社沖地区」と仮称して調査を進めた。

なお、調査当初は筑摩神社沖のすこし南の、旧入江小学校敷地で現リゾートホテル「エクシブ琵琶湖」の沖合から磯集落北半部の沖にかけては磯千軒遺跡として把握していたが、磯千軒遺跡はこれより南の磯漁港沖一帯とみるほうが適切と判断して、当初把握の磯千軒遺跡は尚江千軒遺跡の範疇としてとらえることとした。

**【註】**

1. この遺跡名に関しては次章で述べるように、小字「直居」との関連から「直江千軒遺跡」とすべきではないかという意見もあるが、その関連は必ずしも明確ではなく、すでに『改訂 近江国坂田郡志』では「尚江」と表記されているので、「尚江千軒遺跡」と呼ぶこととした。
2. 中井均「朝妻城」(『城と湖と近江』「琵琶湖がつくる近江の歴史」研究会編　サンライズ出版　2002年)
3. ①中井均『ほ場整備関係遺跡発掘調査報告書』　米原町教育委員会　1987年
   ②中井均『一般国道8号（米原バイパス）関連遺跡試掘調査報告書』　米原町教育委員会　1989年
4. 中井均『立花遺跡発掘調査報告書－県営ほ場整備およびかんがい排水路に伴う発掘調査－』　米原町教育委員会　1988年
5. 中井均『一般国道（米原バイパス）関連遺跡試掘調査報告書』　米原町教育委員会　1989年
6. 中井均『ほ場整備関係遺跡発掘調査報告書』　米原町教育委員会　1987年
7. 中井均『一般国道8号（米原バイパス）関連遺跡試掘調査報告書』　米原町教育委員会　1989年
8. 中井均『入江内湖遺跡発掘調査報告書－米原町立米原小学校新設に伴う発掘調査－』　米原町教育委員会　1987年
9. 中井均『筑摩湖岸遺跡発掘調査報告書』　米原町教育委員会　1986年
10. 中井均『筑摩湖岸・磯湖岸遺跡試掘調査報告書』　米原町教育委員会　1985年
11. 瀬口真司・中川治美ほか『琵琶湖北東部の湖底・湖岸遺跡』　滋賀県教育委員会・（財）滋賀県文化財保護協会　2003年
12. 中井均ほか『磯山城遺跡－琵琶湖辺縄文早期～晩期遺跡の調査－』　米原町教育委員会　1986年
13. 田中勝弘『矢倉川中小河川改修に伴う入江内湖西野遺跡発掘調査報告書』　滋賀県教育委員会・（財）滋賀県文化財保護協会　1977年

# 3．調査方法とその問題点

　後述するように伝承に基づく遺跡は漠然としていてその具体的な対象地域が不分明であるため、最初は広範な地域を闇雲に探ることから始めなければならない。われわれの実施するこの調査は発掘して遺構を検出するという方法ではなく、湖底面に顔を出している遺構や遺物を目視によって観察し、できる限り写真・ビデオ・図面で記録し、その実態を把握しようとする、いわば湖底での分布調査である。その調査方法とその問題点や課題は次のごとくである。

## （1）調査方法

① 水中メガネを着用して素潜りにより湖底を観察する。浅位部に限られるが、遺構・遺物が発見されればその地点に杭を打ち、そこからロープをつけたブイを浮上させる。あるいはその地点にポールを立て、記録に備える。

② スキューバダイビングにより湖底を観察する。浅位部～深湖底に通用する調査法で、遺構・遺物が見つかればその地点に杭を打ち、そこからロープを付けたブイを浮上させ記録に備える。

③ スキューバダイビングによりビデオ・写真記録を作成する。

④ 水中ロボットによる湖底の観察とビデオ記録を作成する。船上に発電機・モニターテレビ等を置き、カメラを設置した水中ロボットとをケーブルで繋ぎ、船上で操作しながらロボットを沈めて湖底直上を走らすと湖底の様子がモニターテレビに映し出される。同時にその画面はビデオカメラで記録される。

⑤ 遺構・遺物発見地点を図面に記録する。

　　a．平板測量による湖底地形の作成とその地形図へ遺構・遺物のある地点を記録する。人の背の立つ浅位部に限られる。

　　b．既製の湖底地形図あるいは都市計画図へGPSや簡易な距離計で測定して、遺構・遺物の検出地点を記録する。精度はさほど高いものにはならない。

## （2）問題点・課題

① 素潜りの場合は浅位部であれば比較的容易で有効であるが、背の立たない深さになると、体力を消耗し、危険度も増して継続した調査は難しい。

② 広大で水深の深い北湖でも湖中の視界は極めて悪く、2～3m先はほとんど見えず、通常、1

～1.5m程の範囲しか見通すことはできない。このため、調査の効率は極めて悪いものとなる。

③　遠浅地域の場合、風が出て波が立ち始めると、湖底の泥や砂が舞い上がって湖水を汚濁させ視界はゼロとなり、調査不能となる。

④　太陽光線の届く範囲の浅位部では藻が繁茂して湖底面が覆われ、目視範囲が著しく制限される。場所によっては広範囲にわたって全く湖底面が観察できない地域もある。水中ロボットではスクリューにすぐに藻がからまって操作不能となる。藻の枯れる冬場が湖水も比較的澄んで湖底調査には適しているが、調査船の構造も含めて防寒対策を十分行わないと危険である。

⑤　素潜りあるいはスキューバダイビングにより湖底に近づくと泥や砂が舞い上がって、よほど注意深く潜らないと観察不能となる。それが沈静化し、視界良好となるには数十分以上必要である。水中ロボットでも本体の着底やスクリューの作動により同様な事態が発生する。

⑥　人の背の届く範囲の遠浅であれば平板による地形測量は可能で、地形とともに遺構・遺物の記録は作成できるが、それ以上の水深地域になると微地形の記録は困難である。

⑦　深湖底での遺構・遺物が発見された場合、その地点からロープを付けたブイを浮上させてその地点を記録するが、ブイの位置は風波によりかなり移動するため、そのポイントの正確な計測は現状では不可能である。

⑧　水中ロボットにより遺構・遺物が発見されてもその地点に標識を設けることはできず、GPSによってその地点は記録されても再度そこにたどり着くことは不可能に近い。

⑨　水深が深くなると太陽光線が届きにくく、特に曇天の日には真っ暗となり、強力な水中ライトを用いたとしても観察できる範囲は１m程度で、調査範囲は極めて限定される。

⑩　最も大切で基本的なことは、安全な調査環境で調査を実施するということである。湖といえども広大な琵琶湖は強い風や高波が発生し、船の転覆事故につながることがある。午前中は油を流したように穏やかな湖面でも、午後になると一転して高波に変わることはしばしばである。空は晴れても湖に出られないことも多い。湖の東と西では波の状況は大きく異なる。そして、雷の接近が最も危険である。このため、気象状況には絶えず気を配っておくことは言うまでもないが、事前に調査日程を組むことが難しく、調査が可能かどうかは当日、湖の状態を見るまでは判断できない。

このように、湖底での調査は陸上とは比べものにならないほど制限が多く、極めて効率の悪い調査にならざるを得ないのが現状で、粘り強く、かつ注意深く継続していく以外に方法はない。さらに、こうした問題点を少しでも解消し得る技術や機器の開発・研究にも努力していかなければならない[注1]。

【註】
1．本章は、林博通「琵琶湖湖底遺跡の研究－三ツ矢千軒遺跡の調査－」（『環琵琶湖地域論』思文閣出版　2003年）の第２章を一部補訂して再録した。

# 4．尚江千軒遺跡の伝承・口伝

## （1）坂田郡志にみる尚江千軒

A．①滋賀県坂田郡役所編『近江国坂田郡志』中巻　1913年　②滋賀県坂田郡教育会編『改訂　近江国坂田郡志』第1巻　1941年

　①②ほぼ同じ文面の記事が載せられている。湖岸の村や城が地震で琵琶湖に陥落したとするいくつかの事例を掲げる中に、当該遺跡に関する伝承が掲載されるものである。前段は磯千軒遺跡、後段は尚江千軒遺跡の範疇に含まれる内容のものである。①の『近江国坂田郡志』から引くと、「殊更近江国は地震脈に当りて震災と離る可からざる悪因縁を有し、古往近来史上に見ゆる近江国の大地震は其数少からず、沿湖村落の古老の談を聞くに、本郡一帯の湖岸は何れも水中に陥落したるを認むるなり、入江村大字磯の漁人の談に、磯より三四十町を隔つる湖中に一帯の浅瀬あり、湖水澄徹の日に水底を凝視すれば、井戸の土筒等点々存在するを見ると、又都久麻神社の正応四年の地図を今日の地形に対照すれば、其土地に大変遷ありしを知るべく、土人いふ当神社の鳥居は八町の沖に沈みあり、漁夫が其石に網を打懸けて曳上る能はざることまゝあり、」とあって、いずれも大地震によって陥没したとみている。

B．滋賀県坂田郡教育会編『改訂　近江国坂田郡志』第3巻上　1943年

　この琵琶湖志の項のなかに『滋賀縣史』第1巻464頁よりの抜粋として掲載される。「猶、古へ筑摩の西北に当り、尚江と称する大村ありしが、中古大地震の時、其の地陥落して湖中に沈めりと伝へ、風浪なき日、湖底を瞰視すれば、井戸の遺阯等を見る事を得べしといへり。正応四年の古図に、筑摩西村の在りし事を伝へ、朝妻筑摩の中間に中島の在りし事を記録すれども、現今其の聚落を見ず。されど筑摩より明治初年まで、乎地地菰年貢（をちぢのまこもねんぐ）として、年貢を収めたる所あり。乎地地は落地にして、何時の頃にか、湖底となりたる地の事なるべし。」

C．滋賀県教育会編『改訂　近江国坂田郡志』第3巻上　1943年

　土地志の朝妻筑摩の項に、「朝妻と筑摩との中間には中島村と称する一団居あり。又、正応四年の古図に筑摩西村ありし事を記す。又、古へ筑摩の西北に当り、尚江と称する大村ありしが、中古大地震の為其の地陥落して湖中に沈めりと伝ふ。」

とあるが、尚江という大村と西村、中島の関係は明らかでない。

D．滋賀県教育会編『改訂　近江国坂田郡志』第4巻　1942年

　村社由緒の中島神社の項に、「米原町大字朝妻に鎮座す。社伝に曰く「当社は朝妻村の南に接し、

尚江と称し、千余戸を有する大村の産土神なりしが、正中二年十月二十一日の夜、地震のため「竹生島奥之院及高島郡善積郷」陥落せり。其の時当社及三十余軒を残し、全部落陥落し、湖中に没せり。」云々　「風浪なき日、湖中を瞰視すれば、井戸跡数多見ゆ。」と。其の後、朝妻村と併合せりと伝ふ。戸数千余戸を有する大村とは信じ難きも、此の地は上古より湖東第一の要港にして浜街道を守り、且は船舶の往来を監視し、非常警備の要塞地なりしなり。応仁文明の頃、京極氏の枝城として四町四方濠を以て是れを囲繞し、城疊を築き、弓箭の神として八幡大神を奉祀せり。」と見え、現在ある中島神社は千余戸もあった尚江という大村の産土神で、この村の大半は正中2年（1325）の大地震（推定マグニチュード6.5強）[註1]で湖中に没したとされる。

　その由来が明確でなく、いつのころか尚江千軒と呼ばれるようになった遺跡に関して、これらの記事ではじめて「尚江」という大村の名が出てきて、地震で湖中に没したとされるが、詳細は明らかでない。古図の西村は筑摩神社蔵の古絵図に「西邑」と書かれているのがそれであるが、中島については寛政4年（1792）の『淡海木間攫』[註2]に筑摩村と同じく朝妻村の枝郷として記され、「此村里（朝妻村）ハ世継村ノ南ニアリ。枝郷中島・筑摩ト南へ並ヘリ。」とあり、18世紀末には中島村は存在したといえる。この尚江・中島・西邑の3つの集落の関係は不分明である。現在、朝妻筑摩の集落の中に「中嶋神社」が鎮座しているが、そこを含んで湖岸に接する一区域を小字「直居」と称し、この直居から尚江という名前が生じたとも言われる。また、小字直居に接した北側が小字朝妻、小字朝妻に接した南東側が小字中嶋[註3]で、直居の北東部に接して中嶋が存在することになる。したがって、この記事の尚江、中島は小字直居、小字中嶋と密接な関係にあるとみられる。

　こうみると、中嶋神社および小字中嶋・直居の西方の沖合に尚江という大村は存在したことが推定される。

## （2）筑摩神社所蔵の古絵図と『筑摩大神之紀』

　坂田郡志に記される正応4年の古絵図と筑摩神社に伝えられる『筑摩大神之紀』[註4]についてみてみる。

### 1）古絵図と筑摩神社

　この古絵図は現在、筑摩神社に伝えられる彩色の絵図で、実地にその大きさを測定してみると、横170.0cm、縦122.5cmを測る横長の大型の絵図である（図版1）。右肩に端書として「南都興福寺派下　近江國坂田郡筑摩社並七ヶ寺之繪圖　正應四辛卯年八月十八日画之　文明六年正月日　模寫之畢」、左下に奥書として「此古圖者興福寺龍雲院蔵所也　仍令借用模寫之者也　承應二癸卯年正月中浣日云々　亦後乙亥年十一月写之畢　藤原胤政謹畫」と墨書されている（図版1、図版9-1・2）。絵図の中央下半には湖に正面を向けて建つ筑摩神社の各社殿が大きく描かれ、その周囲に南都興福寺に属する七ヶ寺が描かれる。このうち、六ヶ寺についてはその宗派も記している。また、境内にある多くの社殿や各寺院を構成している建物など、それぞれ名称まで付してきわめてていねいに描

かれている。それに比べて、当時存在したとみられる村落は簡略にそれらの間に楕円形の赤い印として小さく示され、印の中に筑摩とか礒（磯）など村の名前が墨で書き込まれている。また、村々を結ぶ道や各寺院に通じる道、息長川（現在の天野川）にかかる橋、水田なども描かれている。西邑・筑摩村の南西は湖岸まで水田となっている。右肩と左下の由緒書きをそのまま読み取れば、南都興福寺に属する近江国坂田郡に所在する筑摩神社と七ヶ寺を描いたこの絵図は、正応4年（1291）に最初に描かれたが、文明6年（1474）に模写された。それが興福寺の龍雲院に所蔵されていたものを借用して、承応2年（1653）1月中旬に模写された。その後乙亥の年（正確には明らかでないが、1695年・1755年・1815年などが考えられる）の11月に藤原胤政が模写したということになる。ただし、二度目の模写の年、承応2年は「癸卯」ではなく「癸巳」である。この絵図の当初の作成が由緒書きのごとく中世にまでさかのぼるかいなかについては明らかではないが、少なくともこの絵図そのものは近世に描かれたものといえる。

　ここでは、この絵図がいつ描かれたものかということではなく、その描かれた内容に信憑性が窺えるかどうかに焦点を当てて検討してみたい。もともとこの絵図は筑摩神社を中心として七ヶ寺を強調して描いたものであるため、絵全体の具体的な位置関係や大きさ等は実際とは異なることは言うまでもないが、巨視的に見た配置関係等を重視したい。

　なお、筑摩神社は『日本文徳天皇実録』仁寿2年（852）三月甲戌条に「授近江国筑摩神従五位下」とあることから、この時点ですでに存在していたことが分かる。また、興福寺との関係は、嘉吉元年（1441）の奥書のある『興福寺官務牒疏』[註5]によれば、承和8年（841）に興福寺別所となったとし、後述する『筑摩大神之紀』にも同様に書かれているが、興福寺末社となったのは延久2年（1070）の筑摩御厨の停止後のこととみられている。筑摩神社と興福寺との関係については、筑摩三所社の再興に当たって源頼朝が興福寺繁雅僧都の願いにより尽力し、その「源頼朝寄進状」が建久2年（1191）5月13日付けで興福寺別当御坊に宛てられていることからもうなづける。

## 2）村の位置関係

　絵図は上を東、下を西、左を北、右を南としている。筑摩神社の南西の湖岸に接して筑摩村の枝村である神立村、南に礒（磯）村、筑摩神社から筑摩江（入江内湖）を隔てた東に多良中村・上ノ多良村・北ノ多良村、その北東に岩脇村、息長川（天野川）を隔てて北ノ多良の東に飯邑、その東に宇賀野村、筑摩神社の北に筑摩村、その北に朝妻村、筑摩村と朝妻村の間の西寄りの湖岸に筑摩村の枝村である西邑、息長川を隔てて朝妻村の北に世継村が描かれている。

　現在、筑摩神社の南に磯集落、旧入江内湖を隔てた東に中多良・下多良集落、その北に上多良集落、その北東に岩脇集落、天野川を隔てて上多良の北に近江町飯集落、その北に宇賀野集落、筑摩神社の北に朝妻筑摩（明治7年に南の筑摩と北の朝妻、絵図には載っていないがその中間に在る中島が合併）集落、天野川を隔てた朝妻筑摩の北に近江町世継集落が存在し、絵図の村の位置関係は現在と完全に合致している。しかし、絵図に描かれている「神立」「西邑」は現在存在しない。

### 3）七ヶ寺の位置関係

A．絵図に描かれている七ヶ寺とその宗派およびその寺の存在する村

  今江寺・真言宗 ……………………… 筑摩村

  法性寺 ………………………………… 朝妻村

  本願寺・倶舎真言 …………………… 上ノ多良村・北ノ多良村

  薗華寺・倶舎宗 ……………………… 多良中村

  護寧寺・真言天台 …………………… 岩脇村

  光福寺・法相真言 …………………… 世継村

  大観（歓の間違いか）喜光寺・法相宗 …… 宇賀野村

B．『筑摩大神之紀』に記される寺々

  これに筑摩神社に属する六ヶ寺が記されている。

  今江寺・真言宗 ……………………… 筑摩村

  法善寺・法相真言宗 ………………… 筑摩村

  本願寺・倶舎宗 ……………………… 上多良村

  薗華寺・倶舎宗 ……………………… 中多良村

  護寧寺・三論天台宗 ………………… 岩脇村

  歓喜寺・法相宗 ……………………… 宇賀野村

C．『興福寺官務牒疏』に記される寺々

  今江寺（筑摩浜にある筑摩神社と同一地にある神宮寺として位置付けられている）

         …………（筑摩村）

  法性寺・天台後法相宗（朝儒寺と号す）… 朝妻村

  本願寺 ………………………………… 富永荘（荘域は上多良・中多良・下多良および

              米原・朝妻筑摩の一部にわたる）

  世継寺（興福寺と号す）別院三箇所の一つ …（世継村）

  護寧寺（岩脇寺と号す）別院三箇所の一つ …（岩脇村）

  園華寺・別院三箇所の一つ ………… 多良村

  歓喜光寺（富永山と号す）…………… 宇賀野村

D．その他、『近江輿地誌略』[註6]や『改訂　近江国坂田郡志』第4巻[註7]に記される寺院、現在これらの後身とみられる寺院を掲げてみる。

  『近江輿地誌略』には

   本願寺遺址…上多良村にあり。相伝古昔は天台宗の寺にして繁昌の寺院たりと、今其跡のみ

    あり。

  『改訂　近江坂田郡志』第4巻には

  旧称　護寧寺（元、真言宗）・現在　明徳寺（浄土真宗本願寺派）……… 大字岩脇

  旧称　薗華寺（元、天台宗）・現在　願乗寺（浄土真宗本願寺派）……… 大字中多良

今江寺（現存　浄土真宗大谷派）……………………………………… 大字筑摩
　　旧称　興福寺（元、法相宗）・現在　深光寺（浄土真宗仏光寺派）……… 大字世継
　　　現在、大字宇賀野に蓮成寺（浄土真宗本願寺派）が存在するが、元は歓喜光寺の僧坊法興坊
　　に相当し法相宗とされる。
　このように検討してみると、絵図に描かれている七ヶ寺とその配置は『筑摩大神之記』ほかの資料と符合する点が多く、七ヶ寺は事実に基づいて描かれたものと判断される。

### 4）絵図の筑摩神社と現在の筑摩神社

　絵図に描かれた筑摩神社は全体に正面を西の琵琶湖に向けられている。最奥部中央に本殿である「三所社」とみられる三社が並び、その両脇に伊勢・宇佐・春日・兵主・伊吹・熊野等と書かれた末社が9社並ぶ。本殿の前（西）には中央に拝殿、その右（南）に幣殿、左（北）に着到殿、その西に御供所等があり、楼門の外（西）には鳥居・鐘楼・公文所、そして神主・神人の家々が描かれている。門のすぐ前の鳥居から西の琵琶湖に向かって参道が延び、湖岸に「大鳥居」が立っている。この参道には「大馬場先六丁」と書かれ、門前の鳥居と湖岸の大鳥居との距離が六丁（約654m）あることを示している。この大鳥居の両脇には石灯籠があり、湖岸に沿って石垣が築かれている。大鳥居の正面には琵琶湖に下りる石段も描かれている。四至を示す鳥居は、西はこの大鳥居、北は息長川（現、天野川）の南に、東はかなり離れて多良中村の北に、南は磯村の北にある水路を隔てた北で神立村の南東に立てられている。何れも赤く朱が塗られ、木製の鳥居として描かれている。
　現在みられる筑摩神社は、拝殿と本殿、社務所、一つの鳥居がある。拝殿・本殿は南面していて絵図とは向きが異なる。鳥居は石製で向きは絵図と同様に西の琵琶湖に向いている。この鳥居のすぐ西は県道能登川長浜線となり、そのすぐ西は琵琶湖となって絵図に示される陸地の大きな空間は全く存在しない。絵図と比較すると、拝殿・本殿の向きは異なるものの、現況は絵図のちょうど西邑と神立を結んだ線（この両村を含む）より西の琵琶湖側が消失して琵琶湖になった形状と言える。

### 5）『筑摩大神之紀』の記載内容(註8)と絵図

A．筑摩大神之紀には霊力をもつ柳の大樹が筑摩・岩脇・宇賀野にそれぞれ一株があって、神社を
　造営し筑摩三処大神と称すとある。
　　絵図には筑摩・岩脇・宇賀野に「神木柳」と記される柳の大木がそれぞれ描かれていて、この
　記述と合致する。
B．『筑摩大神之紀』には筑摩神社の四至が定められ、西は渚から沖合八町先の湖中で、その渚に
　は華表（鳥居）を立てるが、今（筑摩大神之紀を記した時）は湖中となってその鳥居は水底に残
　っているといわれる。東は筑摩の入江であるが、入江の中にある出亀嶋と入亀嶋は社地の内とい
　われる。南は磯際、北は朝妻の橋を境とする。
　　絵図には、西の湖岸に大鳥居が描かれている。これが渚の華表とみられる。東の境を示すとみ
　られる鳥居は多良中村の北に描かれているが、入江の中に二つの島が描かれ、「亀嶋」と書かれ

ている。おそらく出亀嶋・入亀嶋を描いたものであろう。南の境界を示す鳥居は磯村の北にある水路の北岸に描かれている。北の境を示す鳥居は朝妻の橋のある息長川の南に描かれていて、『筑摩大神之紀』の記述とよく符合する。亀嶋については、明治26年（1893）測図の地形図には、入江内湖北辺中央付近に二ヵ所の葦地が描かれ（第20図）、大正9年（1920）測図の地形図には同位置に二つの島が描かれている。

C．『筑摩大神之紀』には筑摩神社の社殿のことを記すが、三社甍を並べて在り、南に拝殿・神楽所・幣殿・御供所があり、その他末社に伊勢・宇佐・春日・兵主・伊吹・牛頭天皇・八大龍神・熊野山王・白髭（ママ）・貴船等の一二座の御神が前後に囲繞すると記される。

　絵図には、三社、幣殿、着到殿、拝殿等の主要殿舎、三社の左右には上記の末社の内、向かって左から八大龍王・伊吹・兵主・宇佐・伊勢・春日・熊野・山王・祇園（＝牛頭天皇）の九社がその神名を付して描かれ、『筑摩大神之紀』記載以外の建物等も詳細に描かれるが、絵図はこの記述と細部の点までよく合致する。

D．『筑摩大神之紀』には宇賀野に坂田宮があって、これは垂仁天皇が八歳のとき天照大神をここに遷されて二ヵ年の間鎮座された地であると記す。また、神事の時、筑摩神社からこの坂田宮に渡御の際、宝鋤鍬の具神供等を牛に乗せて巡行するが、今江寺の側に字牛繋という所があってこれは古跡であると記している。

　絵図には、宇賀野の大観喜光寺（ママ）の南に社殿を描き、坂田宮天照大神御鎮座也と書かれている。また、筑摩神社の北を通って上ノ多良へ行く道と朝妻から多良中村の薗華寺方面へ行く道とが交わる地点に赤丸の印があり、「牛繋所」と書いている。ただし、ここは今江寺とは少し離れている。

### 6）『筑摩大神之紀』のその他の記載

　筑摩神社の神事の際、未明に神主は神人をつれて船で渚の華表の八町沖まで出て漁をすること、神事に用いる神酒を入れた甕等の器は、その後湖中に捨てるが、上古に湖中に捨てた器は今（『筑摩大神之紀』記載時）も時々網にかかることなどが記されている。

### 7）小　結

　今検討したように、この絵図に描かれている内容はその位置関係において現状と合致する点が多く、また、かなり信憑性のある史料『筑摩大神之紀』の記載内容に合致する点もきわめて多い。むしろ、『筑摩大神之紀』の記載内容にしたがって描かれた絵図のようにも思われる。ただ、『筑摩大神之紀』の西を限る鳥居の記載内容からみると、この部分は復元的に描いたように思われ、他にもそうした箇所のある可能性がある。絵図に描かれる「西邑」「神立」の村の存在は『筑摩大神之紀』には一切現れないが、絵図の他の部分に虚構は見いだせないため、この二村の存在も全くの虚構とは考えられず、実際に存在したものを描いたか、言い伝えとして残っていた村を、復元的に描いたとみるのが自然な解釈で、むしろ、元来存在しなかったものをあえて作り出して

描いたとみる方が無理な解釈といえよう。ある時期、絵図に近い形状の地形や村落・大鳥居・石垣等が存在し、それがこの絵図に反映されたものと理解される。そして、現在では絵図に描かれた西邑と神立の村を結ぶ線より琵琶湖側が消失しているが、それらが水没村伝承として残ったものと考えられる。

『筑摩大神之紀』の内容に基づくと、これのまとめられた永禄10年（1567）時点では渚の華表（鳥居）はすでに湖中に没しており、水没はこの時点より前ということになる。

なお、この筑摩神社所蔵の絵図と同様の絵図は近江町坂田神明宮にも所蔵されている[註9]。

## （3）尚江千軒遺跡に関する口伝

平成12年（2000）に地元である朝妻筑摩の方々数名に聞取り調査を行った。その内容を簡潔にまとめると次のようになる。

A．北村静雄氏（大正15年生まれ）…昔から村が沈んだという言い伝えはあった。朝妻湊跡とされるあたりから筑摩神社までの範囲に集落が沈んでいると聞いた。原因は地震であったと聞いている。いつ頃の地震かは不明。井戸跡や鳥居は見たことがない。平安時代に小判が打ち上げられたと言われていることから、尚江千軒の範囲の浜は「こがね浜」とも呼ばれている。大爺さん（三代前）の時代にお地蔵様が浜に打ち上げられたと言われ、現在そのお地蔵様は中嶋神社横に奉られている。そこには全部で11体のお地蔵様が奉られており、そのうちの1体が打ち上げられたものだそうである。しかし、どのお地蔵様かは不明。

朝妻湊の痕跡とみられるものとしては、昔その石碑があった場所（現在の碑のある所から50mほど南の湖岸）あたりから沖に向かって石垣が突き出ていた。その近くには、浜から沖合10mほどの間に石があった。この石は「十八石垣」と呼ばれ、14～15個の自然石が不規則にばらばらにあった。子供のころ、動かそうとしても全く動かず、300kgほどはあったと思われる。天野川から運ばれてきた土砂が朝妻樋門（ここを通る水路はアサヅマボリと呼ばれる）地点の南側に溜まり、渇水で－1～1.5m程になると、陸地となり歩いて行くことができる。

B．北村助夫氏（昭和4年生まれ）…村が沈んだという話は昔からずっとあり、その原因は正中2年（1325）の地震であると聞いている。天野川の氾濫については記録は何も残っていないが、地形からあったのではないかと推測はされていた。

筑摩神社の鳥居や宮は、現在の筑摩神社よりももっと北に位置していたという噂があった。小学生のころはみんなが「鳥居が沈んでいるらしい」と言っていたが、実際には鳥居も井戸も見たことがない。文献にはお神酒の杯のようなものが引き上げられたと載っている（「筑摩大神之記」）が、神事の後で湖中に捨てたという伝承もあるため、尚江千軒遺跡とは関係ないかもしれない。

尚江千軒の名称由来は分からないが、小字「直居」に住む男性のところへ嫁ぐ人が、「なおえに嫁ぐ」と言っていたのを聞いたことがあるので、昔は尚江という地名があった可能性もある。

朝妻湊の痕跡は現在は全く残っていないが、昭和12年に湖岸道路拡張が行われるまでは朝妻湊の石碑の辺りに石群が積まれていた。石の大きさはそんなに大きなものではない。朝妻湊の跡とされ

る辺りは急激に深くなっていた。

　尚江千軒に関する文献もたくさん残っていたであろうが、+3.73mを記録した明治29年の大洪水で多くが流されてしまった。つい最近まで自宅の柱にはその洪水の時ついた水の跡がくっきりと残っていた。

C．北村幸夫氏（昭和6年生まれ）…村が沈んだという言い伝えは子供のころからあった。原因は正中2年の地震であると聞いている。天野川の氾濫は頻繁に起こっていた。アサヅマボリから南に向かって100mほどの幅と、沖合30～50mほどの範囲内に「十六石垣」と呼ばれる石積の崩れたようなものがあった。「十六石垣」と呼ばれてはいるものの、十六個の石というわけではなく、結構大きな石が30～50個密集しているものである。その石群は南に一つ、北に一つ二つあった。

　「尚江千軒」の名称の由来は、現在の中嶋神社付近にある小字「直居」からきているのではないか？

　朝妻湊の痕跡については昔、石碑があった場所に1tほどはあろうかというくらい大きな自然石が30～40個あったが、昭和12年に湖岸道路が拡張された際に、どこかに運ばれてしまった。

　朝妻集会所には尚江千軒遺跡の範囲から引き上げられたとされる五輪塔の石のようなものが置かれている（実際に、空輪・水輪など10点ばかりが朝妻集会所に存在することを確認した…林）。

D．伊吹輝雄氏（昭和13年生まれ）…村が沈んだとの伝承は昔からあり、天野川の氾濫も昔はよくあった。朝妻樋門から沖合100mほどの間に、ほぼ一直線に大きい石が16個並んでいた。その大きさは小学生だったころ泳いでいって石の上に立つと、ちょうど水面から顔が出るほどだった。この石は「十六石垣」と呼ばれ、その多くは単独で2～3mおきに存在したが、中に重なったものもあった。

　「尚江千軒」の名称の由来ははっきりしないが、現在の中嶋神社付近に「直居」という小字があり、関係があるのではないか。

　朝妻湊の痕跡として、昔の石碑は現在の石碑より南に位置し、そこに竹薮と石積みがあった（この石積みについては『改訂　近江国坂田郡志』第1巻に写真が掲載されている…林）。また、天野川河口の南側は急激に深くなっていた。


　このように、地元には地震により「村が沈んだ」という伝承と「朝妻湊」が存在したという認識を広く持たれていることが判明した。その具体的な痕跡についてはどなたも明確にはされていないが、「十六石垣」あるいは「十八石垣」と呼ばれる湖中の大きな石や湖岸の石積みなどが尋常ではない物体と認識され、沈んだ村か朝妻湊に関する何らかの痕跡ではないかと考えられている。


【註】
1. ①宇佐美龍夫『新版日本被害地震総覧』　東京大学出版会　1987年
　②『理科年表』　丸善　2002年
2. 彦根藩士塩野義陳著・田中信精校訂『淡海木間櫻』全12冊　寛政4年（1792年）　これは『近江輿地誌略』の江北6郡分の記述を補う意図でまとめられたとされる。

3．小林健太郎・神保忠宏ほか『明治の村絵図』　米原町　1996年
4．筑摩大神之記は正確には『近淡海坂田郡富永荘十六条筑摩大神之記』といわれる。これは永正6年（1509）の磯野員詮と六角氏綱の戦いで筑摩神社は炎上し、永禄7年（1564）頃、氏人らが江北3郡を勧進して社殿を再興したが、永正の戦乱で神紀が焼失したため、神主の筑摩重実の願いにより永禄10年（1567）9月、春日社若宮神主の大中臣秀国が諸紀伝史等の大意を捜しだしてまとめたものである。(『米原町史』資料編　米原町役場　1999年)
5．「興福寺官務牒疏」(『大日本仏教全書』寺誌叢書　第三　第一書房　1915年
　従来、「興福寺官務牒疏」は興福寺の末寺の由来を集大成したもので、興福寺に伝来した本とされ、その信憑性にさほど疑問はもたれてこなかったが、その年号の記述のあり方（干支と年との位置関係）などから、その奥書からの嘉吉元年（1441）の成立は全く成り立たず、装丁・書風などからみても江戸時代中期以前には溯れず、幕末頃に献納されたもので、椿井文書の一つとの説もある。藤本孝一「基通公墓と観音寺所蔵絵図との関連について」(『京都府田辺町近衛基通公墓』（財）京都文化財団　1988年)
6．寒川辰清『近江輿地誌略』　大日本地誌体系刊行会　1915年
7．『改訂　近江国坂田郡志』　第4巻　坂田郡教育会　1942年
8．『筑摩大神之紀』の記述内容の検討に関しては、本学部地域文化学科助手東幸代氏に有益なご教示を受けた。記して感謝したい。
9．『近江町史』　近江町役場　1989年

# 5．尚江千軒遺跡の調査

　この調査の対象地域は湖岸の遺物散布状況や既調査、伝承・口伝などを参考として、北は天野川河口左岸の朝妻湊遺跡のすぐ南西の湖岸・湖底から、南は現在の磯集落北半部の湖岸・湖底にかけて、南北約2,000m、沖合約800mの範囲とした。そして、北部の小字「中嶋」「直居」の沖合一帯を「朝妻湊地区」とし、筑摩神社の沖合一帯を「筑摩神社沖地区」とし、大きく2地区に分けて調査を進めることとした。

## （1）朝妻湊地区

### 1）調査状況

　この地区の湖底一帯は遠浅が続いている。まず、1999年12月の冬季に水中ロボットで湖底の様子を探ってみた。朝妻樋門（通称アサヅマボリの湖岸に設置された樋門）の湖岸に近い湖底で五輪塔の空風輪の存在を確認した（図版3-3）。かつてこの地区の湖底で出土したと伝えられる五輪塔が朝妻集会所に現存するが、確かにこの湖底に五輪塔が横たわっていることが判明した。しかし、その後夏季に素潜りやスキューバダイビングでその五輪塔を探したが、ついに発見できなかった。一帯は浅瀬が続くため夏季から秋季にかけては藻がぎっしりと繁茂し、歩行すら困難な場所がある。

　素潜りやスキューバダイビングにより湖底に顔を出している遺構・遺物を幾度にも分けて探索した。湖底の詳細な地形測量ができていない時点では遺物の発見された位置については概測図となったが、測量図作成時点やその後では遺物発見地点を平板測量で記録した。平板測量は2001年8月末から断続的に2002年9月まで実施した。25cmコンターで縮尺200分の1。平板測量はスタッフ（箱尺）を持つ人の背の立つ地点までしか行えないが、水位が25cmほど低下するたびに出掛けて行って低位置の追加測量を行った。測量中、足でびくとも動かない杭や横たわる木材が確認できたが、藻が著しく繁茂して潜水できなかったためその地点のみ測量図に記録した。藻のまだ繁茂しない5月初旬にその杭や木材をスキューバダイビングで探索したが確認することはできなかった。湖底の調査は一度目標物を見失うと再確認は極めて難しい。

　湖底地形測量図と遺物の出土した地点は第4図のとおりである。湖底および湖岸の測量調査の範囲は、アサヅマボリを中心に南北約430m、東西約180mの範囲で、約140m沖合までの微地形を把握することができた。

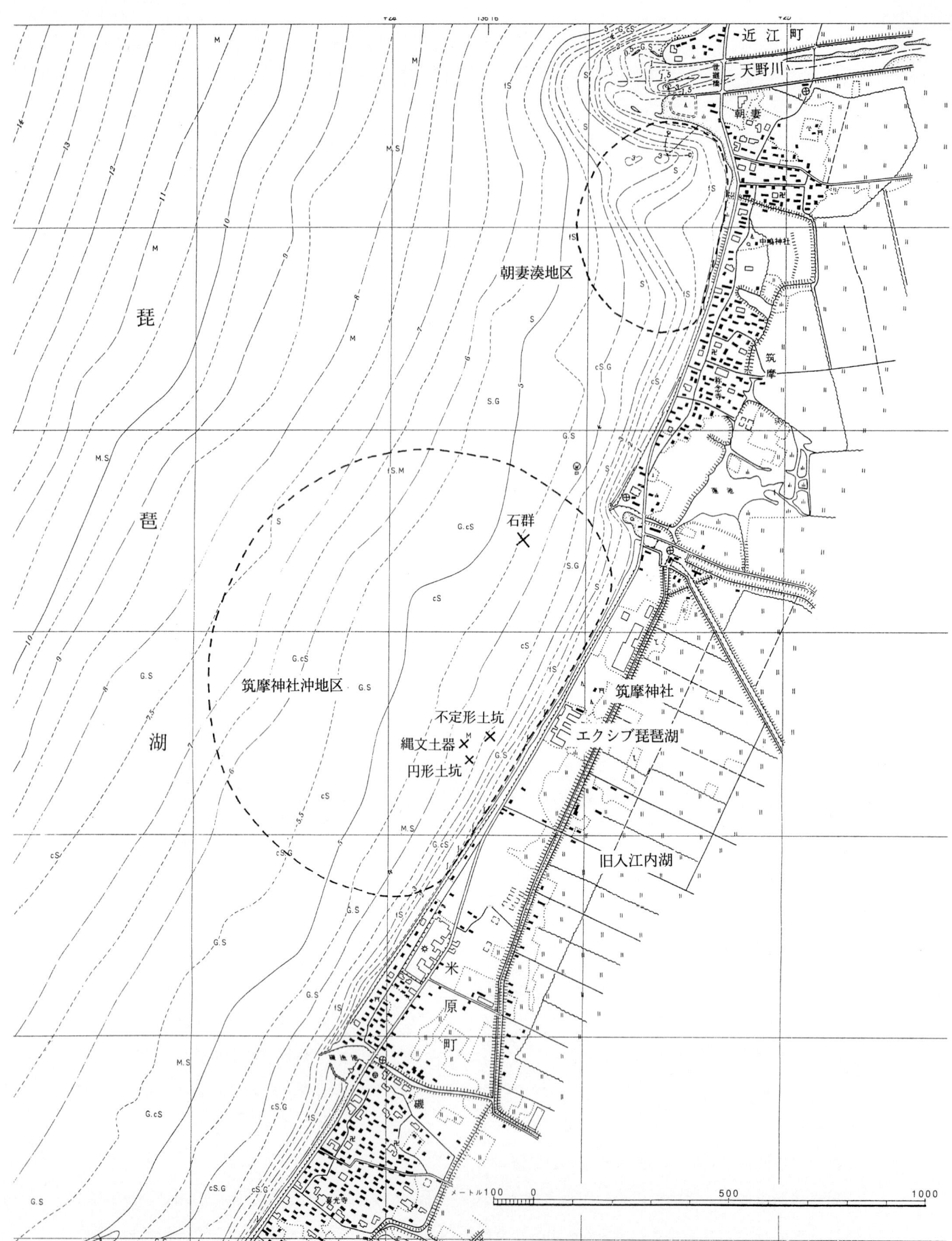

第3図　調査対象地区および遺構・遺物発見地点（昭和35・36年測量、昭和48年改測　国土地理院作成の1万分の1湖沼図　彦根・多景島2による。水位の基準は84.547m＝明治38年以降昭和29年にいたる50年間の平均水位）

現在では県道能登川長浜線が整備され、天野川河口南岸には天野川舟溜や埋め立てられて朝妻公園が造られるなど、旧地形はかなり変形されている。口伝に言われるような「深み」は明瞭ではないが、アサヅマボリのやや北から沖合に見られる浅い谷状の湖底地形がそれかと思われる。舌状に伸びる微高地はその谷の北側と南側に認められる。北側の微高地の縁辺部には未確認ではあるが、びくとも動かない杭や横たわる材木が認められる。口伝で言われる「十六石垣」「十八石垣」とみられる石材は確認できなかった。調査した範囲の湖底はほとんどが礫層であったが、南側微高地より南側は砂層が広がっている。

　遺物の大半は南側の微高地の中央部から南斜面で確認された。ただ、谷筋から1点だけ丸瓦が発見された。

　南側微高地の中央付近から沖方向にかけて発見された遺物には、須恵器・山茶椀・常滑焼・瓦がある。いずれも12世紀中葉を前後する時期のものである。

　南側微高地の南斜面で発見された遺物には、土師器・須恵器・山茶椀・常滑焼・信楽焼・瓦などがある。時期は、古いもので7～9世紀の土師器、新しいもので19世紀頃の信楽焼・染付があるが、大半は11～14世紀前半の範疇におさまる土師器や須恵器・山茶椀・常滑焼・瓦などである。

2）　遺　物

　先述のように、湖底から出土した遺物には土師器・須恵器・山茶椀・常滑焼・染付・瓦がある。そのうち図化できるものを中心に簡潔に報告する。19世紀頃の信楽焼・染付はかなり大型の破片ではあるが、図化および説明は省略した。いずれも摩耗の痕跡はなく、原位置からさほど動いていないか、ローリングを受けない状況で現位置にもたらされたことが窺われる。なお、これらの出土地点については第4図および第2表に示した。

A．土器類 （第5図）[註1]

　土師器（1～5）[註2]　いずれも小型土師器皿のAbないしJタイプとされるもの。口径は9～10cmを測る。色調は湖底にあったため元来のものより変色している可能性はあるが、乳白色や褐色を呈する。12～13世紀の所産とみられる。

　なお、図化はしなかったが、7地点から出土した土師器は近江型甕の底部付近の破片で、7～9世紀のものとみられる。

　須恵器（6～9）　いずれも甕の破片である。6は甕の体部の破片で、外面は叩き痕が認められ、内面はていねいにナデ調整している。7は甕の肩部の破片である。外面には叩き痕がみられ、内面はナデ調整しているが、同心円文がわずかに残っている。8も甕の体部の破片で、外面には叩き痕が認められ、内面はナデ調整している。9は甕の口頸部の破片で、内外面共にていねいにヨコナデ調整し、ごく部分的に残る体部の内外面には叩き痕が認められる。いずれもきわめて焼成は堅緻。11～12世紀の所産とみられる。

　山茶椀（10～14）[註3]　いずれも尾張型の山茶椀である。10は皿の完形品である。体部外面下半はヘラ削りの後ナデ調整している。底部外面には糸切り痕が明瞭。尾張型の5～6型に相当し、12～

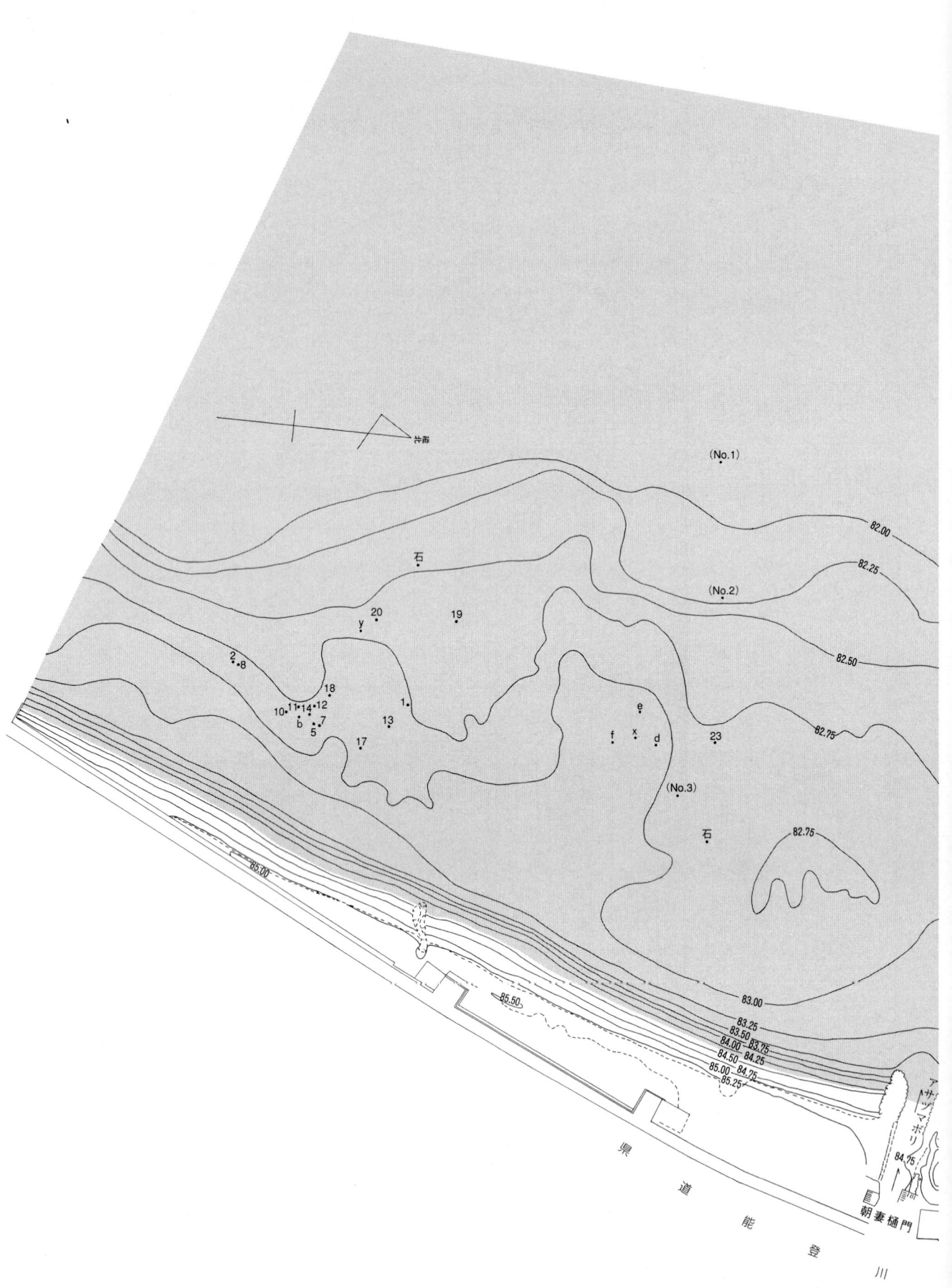

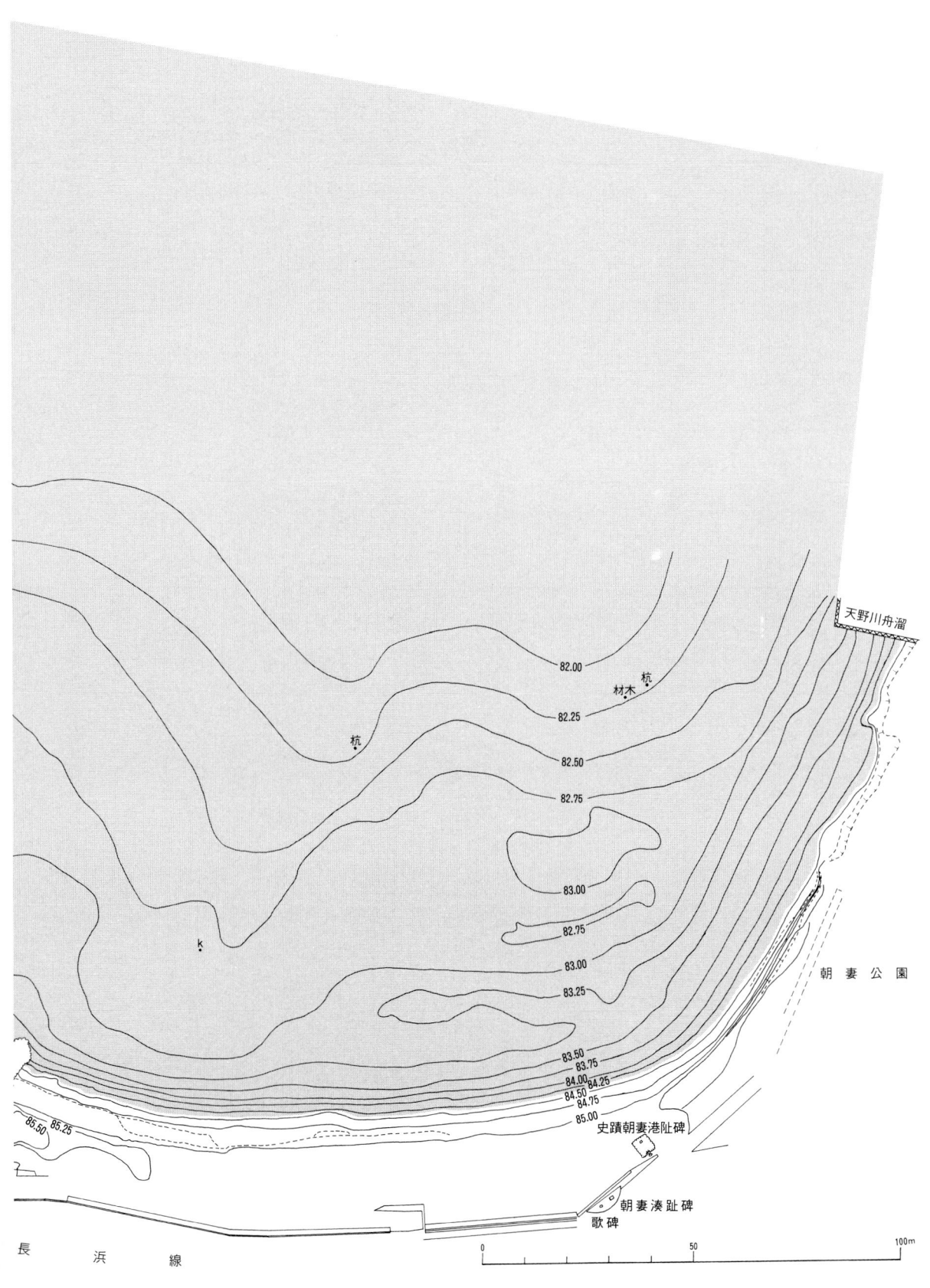

第4図　朝妻湊地区　湖底地形測量図および遺物出土地点（網目の範囲は基準水位時における湖底部分）

第2表　朝妻湊地区における遺物およびその出土地点

| 出土地点 | 遺物 | | 出土位置 | 標高 | 遺物番号 |
|---|---|---|---|---|---|
| 1 | 須恵器 | 甕　　（11～12世紀） | 沖合 45.1m | 82.90m | 6 |
| 2 | 軒丸瓦 | 　　　（12世紀中葉） | 沖合 32.9m | 82.81m | 19 |
| 5 | 信楽焼 | 甕　　（19世紀～） | 沖合 29.8m | 82.78m | - |
| 7 | 土師器 | 近江型甕（7～9世紀） | 沖合 30.0m | 82.90m | - |
| 8 | 信楽焼 | 甕　　（19世紀） | 沖合 32.9m | 82.82m | - |
| 10 | 土師器 | 皿　　（13世紀） | 沖合 28.7m | 82.79m | 5 |
| 11 | 土師器 | 皿　　（12世紀前後） | 沖合 31.1m | 82.76m | 1 |
| 11 | 土師器 | 皿　　（12世紀前後） | 沖合 31.1m | 82.76m | 2 |
| 11 | 山茶椀 | 　　　（12～13世紀） | 沖合 31.1m | 82.76m | 11 |
| 12 | 須恵器 | 甕　　（11～12世紀） | 沖合 33.2m | 82.76m | 7 |
| 13 | 常滑焼 | 甕　　（13中頃～14世紀前半） | 沖合 38.1m | 82.85m | 16 |
| 14 | 土師器 | 皿　　（12世紀） | 沖合 30.9m | 82.77m | 3 |
| 17 | 丸瓦 | 　　　（12世紀中葉） | 沖合 30.2m | 82.88m | 20 |
| 18 | 丸瓦 | 　　　（12世紀中葉） | 沖合 37.3m | 82.80m | 21 |
| 19 | 産地不明 | 甕　　（19世紀～） | 沖合 68.8m | 82.61m | - |
| 20 | 土師器 | 皿　　（12世紀） | 沖合 60.2m | 82.50m | 4 |
| 23 | 平瓦 | | 沖合 68.7m | 82.93m | 23 |
| No.1 | 山茶椀 | 皿　　（12～13世紀） | 沖合 129.3m | 81.91m | 10 |
| No.2 | 常滑焼 | 片口鉢（12～13世紀前半） | 沖合 102.2m | 82.22m | 15 |
| No.3 | 山茶椀 | 　　　（12～13世紀?） | 沖合 52.7m | 82.86m | 14 |
| b | 軒丸瓦 | 　　　（12世紀中葉） | 沖合 29.0m | 82.90m | 18 |
| d | 山茶椀 | 　　　（12～13世紀） | 沖合 61.2m | 83.11m | 12 |
| e | 山茶椀 | 　　　（12～13世紀） | 沖合 65.9m | 83.08m | 13 |
| f | 須恵器 | 甕　　（11～12世紀） | 沖合 56.5m | 83.05m | 8 |
| k | 丸瓦 | 　　　（12世紀中葉） | 沖合 37.5m | - | 22 |
| x | 山茶椀 | 　　　（詳細不明） | 沖合 59.9m | - | - |
| y | 須恵器 | 甕　　（11～12世紀） | 沖合 55.8m | - | 9 |
| y | 磁器 | 染付椀（19世紀） | 沖合 55.8m | - | - |
| y | 磁器 | 染付椀（19世紀） | 沖合 55.8m | - | - |
| - | 常滑焼 | 片口鉢（12～13世紀前半） | 沖合 10数m | - | 17 |

※　出土位置は基準水位（84.371m）における汀線からの概数値
※　アラビア数字（1・2・3…）を付した地点は平板測量により実測したもの。他は概測地点

13世紀の所産とみられる。11～14は椀である。11は口縁部・体部の3割ほどが欠失する程度の遺存であるが、他は底部から体部下半にかけての破片である。11は口縁部を少しつまみ出し、底部には低く幅の狭い高台を付ける。尾張型の5型式で12～13世紀の所産とみられる。いずれも糸切りの後高台を付けるが、12と13には高台に籾痕が明瞭に認められ、14もその可能性がある。13は尾張型4～5型式、12・14は5～6型式に相当し、12～13世紀の所産とみなされる。

　常滑焼（15～17）(註4)　15・17は片口鉢である。15は約4分の1程の破片。口頸部は直線的に外上方に立ち上がり、端部は丸く仕上げる。外面下半には回転ヘラ削りが施される。高台は高く、しっか

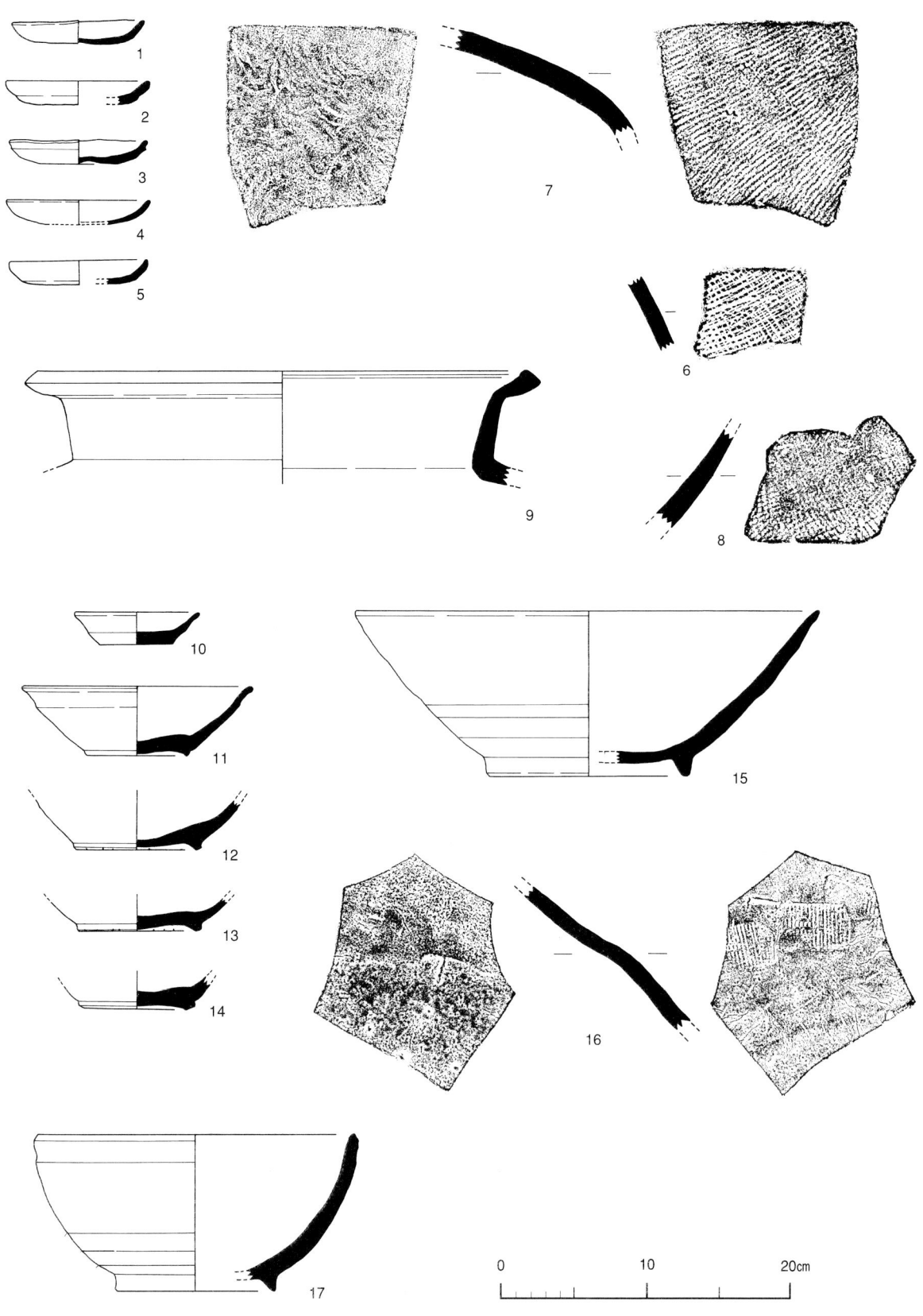

第 5 図　朝妻湊地区出土遺物 1

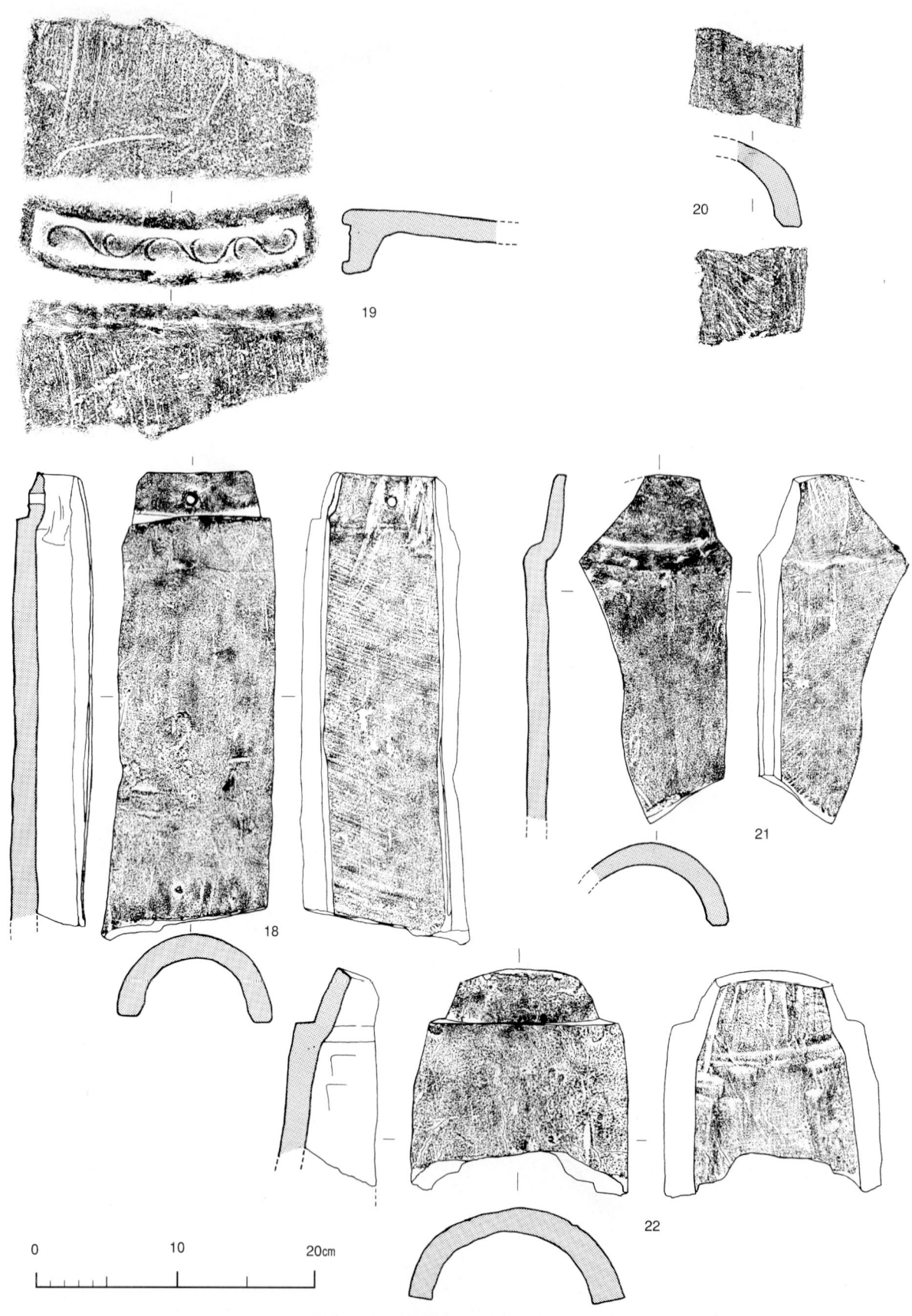

第6図 朝妻湊地区出土遺物2

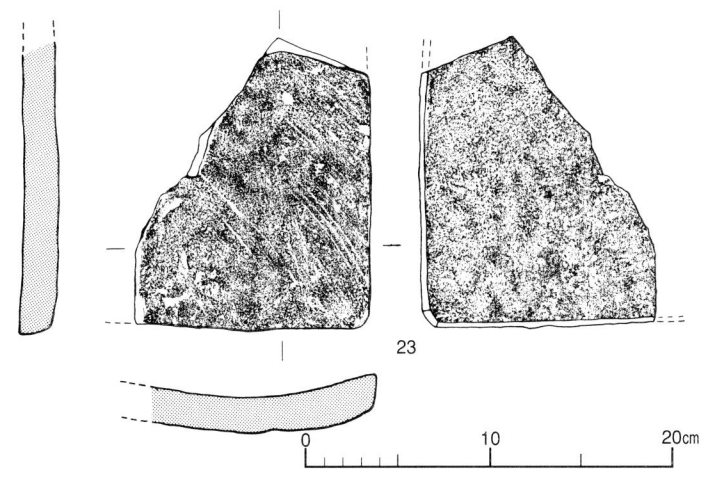

第7図　朝妻湊地区出土遺物3

りと付けられている。内面下半に使用痕が認められる。4～6a型式で、12～13世紀前半の所産とみられる。17は出土地点の詳細は提示できないが、南側微高地の沖合十数mで発見されたものである。口頸部は内湾気味に立ち上がり、端部は丸く仕上げる。外面下半には回転ヘラ削りが施されている。高台は高く、ていねいに付けられる。4～6a型式に相当し、12～13世紀前半の所産とみられる。15・17共に山茶椀の工人によるもので、越前焼の可能性も否定できない。16は表面が茶褐色を呈する甕の肩部の破片で、外面に押印文が連続して施されている。6～7型式に相当し、13世紀中頃～14世紀前半の所産とみられる。

　湖岸・陸地の土器類　調査区の湖岸の砂浜にもこれらと同様の土器片が多数散布しているが、いずれも激しく摩耗している。これは湖底にあったものが波の影響でローリングを受けながら砂浜に打ち寄せられたものと思われる。

　朝妻筑摩集落の北東部に朝妻神社が存在するが、その周辺の水田や道で遺物が表採された。湖底で発見されたと同様の須恵器や常滑焼もみられるが、灰釉陶器のH72～百代寺（10世紀後半～11世紀）に編年される椀A[註5]の底部も認められる。ほとんど摩耗痕は認められず、原位置からさほど動いていないものと思われる。この付近の地表面の標高は86.3m前後であるため、包含層・遺構面は85m前後が予測される。

Ｂ．瓦類（第6・7図、図版8）[註6]

　出土した瓦類には軒丸瓦・軒平瓦・丸瓦・平瓦がある。その出土地点と実測図は第4・6・7図および第2表に示した。

　軒丸瓦（18）　瓦当部を欠失した軒丸瓦とみられる。丸瓦部は玉縁があるもので、玉縁中央部に円形の釘穴が穿孔されている。中央部で幅が11cm程度の細長い形状の丸瓦部である。凸面は平滑に調整され、全面に自然釉が認められる。凹面には粘土板切取り痕（糸切痕）が顕著に残っている。丸瓦部側面の面取りは凹面側に1回ないし2回行われる。胎土は精良で色調は茶褐色を呈し、焼成

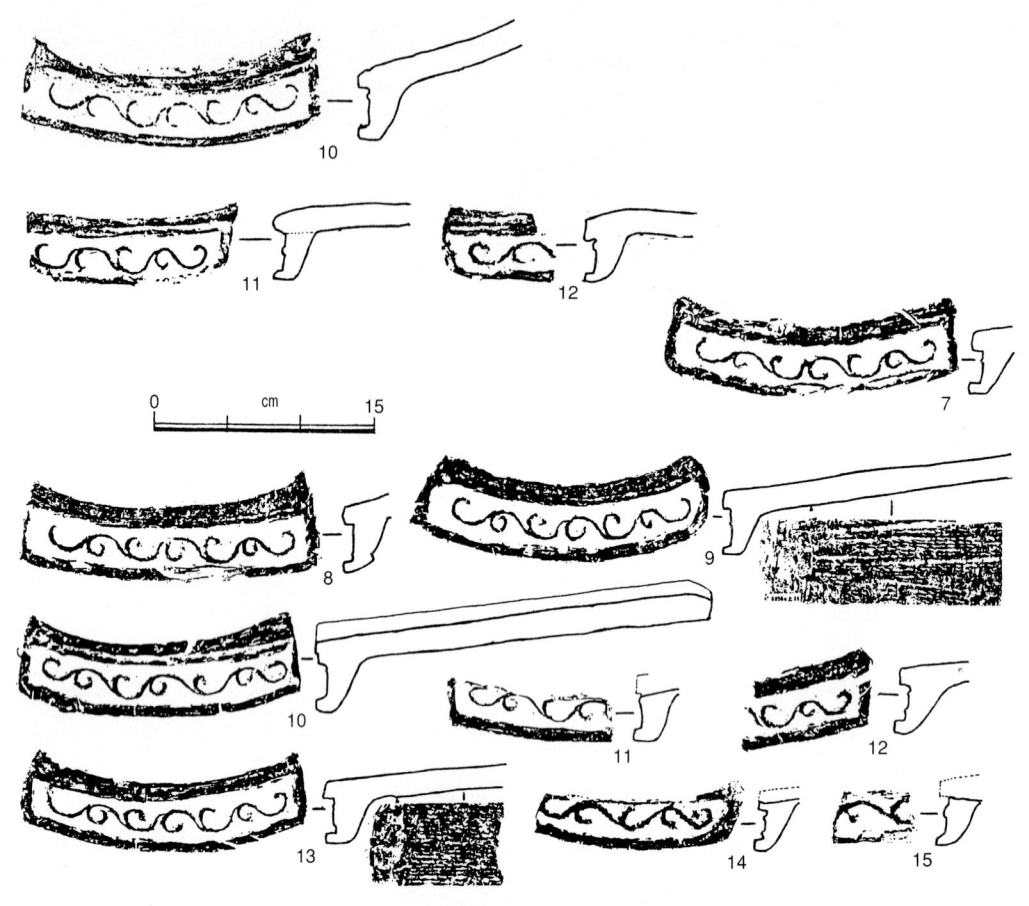

第8図　名古屋市八事裏山窯出土軒平瓦（註7－①による）

は良好である。

　軒平瓦（19）　完形の瓦当部とそれに続く平瓦部の一部が遺存している。瓦当文様は5単位から成る簡略化された偏行唐草文である。向かって右端の逆S字状文から4つの枝葉が流れるように左方向に展開する。瓦当面には淡緑灰色の自然釉が認められる。瓦当部は平瓦の凸面端部に粘土を継ぎ足して施文する。平瓦部の凸面凹面共に、側面と平行方向に板状工具による調整痕が顕著で、類似の調整痕が側面にも一部認められる。凹面に布目痕は全く残っていない。胎土は砂粒が多く、粗い。色調は淡茶灰色を呈し、焼成はあまり好くない。

　丸瓦（20～22）　20は丸瓦の小片である。凸面は平滑に調整している。自然釉が認められる。凹面には粘土板切取り痕が認められる。側面の面取りは凹面側に1回行われる。胎土には砂粒が多い。破面は淡茶褐色を呈し、焼成はあまり好くない。

　21は玉縁丸瓦である。筒部の肩と玉縁基部との連結面は垂直とはならずに、トロトロと丸く連なっている点が特徴である。筒部凸面から玉縁にかけて平滑に調整するが、肩部に盛り上がりがあることから、ここで粘土を補充した可能性がある。側面の面取りは凸面側・凹面側に各1回行われる。凹面には粘土板切取り痕が認められる。凸面にわずかに自然釉の痕跡が認められる。胎土は精良で、

須恵質に焼成されている。

22は幅が15.5cmを測る大振りの丸瓦の破片である。筒部凸面には板状工具による側面と平行方向の調整痕がわずかに残るが、その後、平滑に仕上げている。凹面には粘土板切取り痕が一部みられる。側面の面取りは行われていない。凸面には全面に自然釉の発色が認められる。胎土は精良で、焼成は堅緻。

平瓦（23）　広端部の一角が遺存する。凸面の叩き痕、凹面の布目痕は認められない。凸面は表面がゴツゴツとした仕上げである。凹面には粘土板切取り痕が認められる。摩耗しているが、角部は切り取っているとみられる。側面・端面共に面取り痕は認められない。胎土には砂粒があり、焼成は良くない。淡茶灰色を呈する。

### Ｃ．瓦類の特徴

① まず、平瓦は別にして、他の瓦にはいずれも自然釉の発色が認められるという特色が指摘できる。

② 軒平瓦の瓦当文様は名古屋市天白区天白町に所在する八事裏山１号窯群で焼成された軒平瓦Ｄ類に類似する[註7]。このＤ類は尾野善裕氏によりD1・D2・D3に細分されている。D1は唐草文が繊細で優美に展開するのに対し、D2は唐草の巻きが強く、やや粗雑な文様表出をしている。D3は文様が大きく乱れている。本遺跡出土のこの軒丸瓦の瓦当文様はこのD1タイプに酷似するが、D1の唐草文の左端の単位を省略した文様構成となっている。

③ この八事裏山１号窯群のＤ類を含めた瓦類は京都の鳥羽離宮東殿に供給されていることがすでに確認・指摘されている[註8]。そして、八事裏山１号窯群を含む尾張産瓦は鳥羽離宮以外にも法金剛院や仁和寺南院、神泉苑付近での使用が確認されている[註9]が、この軒平瓦Ｄ類は現時点では鳥羽離宮東殿に出土が限られている[註10]。

④ このＤ類軒平瓦は尾野氏の八事裏山窯生産器種変遷によると、２期（猿投窯第Ⅶ期第２型式古段階）に位置付けられ、鳥羽離宮東殿地区の建物造営に関する文献史料から、この２期の暦年代は12世紀第２四半期に求められている[註11]。

⑤ 本遺跡出土の軒平瓦と同伴あるいは全く同文の瓦は他に出土例はないが、八事裏山１号窯群製作瓦と極めて類似する文様を有することは、その生産に関して密接な関係のもとに製作されたことが窺われる。文様ばかりではなく、他の丸瓦にも共通して認められる自然釉の発色を誘発する焼成技法などからみても、本遺跡出土の瓦類（平瓦については不詳）は尾張東部から知多半島にかけての瓦陶兼業窯で製作されたものと判断され、その時期は12世紀の第２四半期を含む12世紀中葉頃の所産とみなされる。それが近江のこの地にもたらされたものと理解されるのである。その供給地に関しては今後平安京内で出土する可能性は高いと思われる。

### ３）小　結

以上の調査結果から判明したことは次のとおりである。

Ａ．当該地の湖底には微高地が広がるが、アサヅマボリのやや北から沖合に伸びる谷状地形によって

北微高地と南微高地に分けられる。

B．遺物の出土は北微高地では確認できず、南微高地に偏っている。おそらくこの微高地が形成される過程で遺物が混じり、その表面近くのものが今回発見されたものと思われる。

C．遺物には大きく分けて3時期のものがある。

① 7～9世紀の土師器甕

② 11世紀～14世紀前半におさまる時期のもので、特に12世紀中葉頃を中心とするとみられる土師器皿、須恵器甕、山茶椀の皿・椀、常滑焼の片口鉢、瓦類

③ 19世紀頃の信楽焼の甕や染付の皿

D．この湖底の微高地と遺物の存在について三つの可能性を考えてみた。

a．朝妻湊に関連するもの

b．地震に伴う地盤沈下により水没した集落に関するもの

c．天野川の氾濫に関するもの

aについては、湊の施設（防波堤や桟橋など）を伴う必要がある(註12)が、そうした施設は確認されていない。特に、この米原町から彦根市にかけての湖岸は、滋賀県の主要風である若狭湾からの強い北西風や北寄りの風の影響で高波が強く打ち寄せるため、しっかりとした防波堤がなければ港としての機能は果たせない。図版10－6・7に提示した港跡の写真は明治末年頃まで使用されていた、現彦根港のすぐ南にある長曽根港の遺構群で、西の沖側には木柱や角礫により構築された防波堤があり、その内側に桟橋用の杭列が何箇所か認められる。港と判ずるにはこれに類した遺構を確認する必要があると思われる。また、港に船を着けるためには、人や荷物を積んだ船の船底が湖底に接しないように、港部分の湖底は深く掘り下げる必要があるが、調査地の現況は微高地となっていて、この条件に反することになる。現況からみる限り、当該地に港があったとは考えにくい。文献で知られる「朝妻湊」はアサヅマボリから入った東側に想定される小さな「内湖」の一画にあった可能性も指摘しておきたい。

bについては口伝ともある程度符合するものであるが、まず、村の存在を示す家屋の柱や井戸、道路などの痕跡を見つけだす必要がある。この調査ではこうした遺構を懸命に追求したが確認することはできず、現状では「水没村」として把握することは困難である。今後、仮に「水没村」が証明された場合は、その実態の究明とその成因を探る必要があるが、地震によるものか、単なる水位の上昇に伴うものかについては、別途の検証が必要となる。

cについては、当該調査地のすぐ東に接続する陸地部の地形の帯状の乱れと関連する(第9図)。その乱れの帯の幅は約100～200mを測り、天野川の川幅に匹敵するもので、それは天野川の屈曲部から湖底の特に南微高地に連続する様相を呈している。したがって、これはある時期に天野川の流路であったことを示していて、湖底の微高地はこのときに形成され、湖底の遺物はこの時陸地からもたらされた可能性がある。遺物に摩耗痕がほとんど認められないのは、ごく近くからの一時的な氾濫に伴うためのものとみられる。遺物の量が最も多いのは②の時期のもので、この時期頃に天野川の氾濫があった可能性が高い。①の時期の遺物もこの時に同時にもたらされたものだろう。③の時期の遺物につ

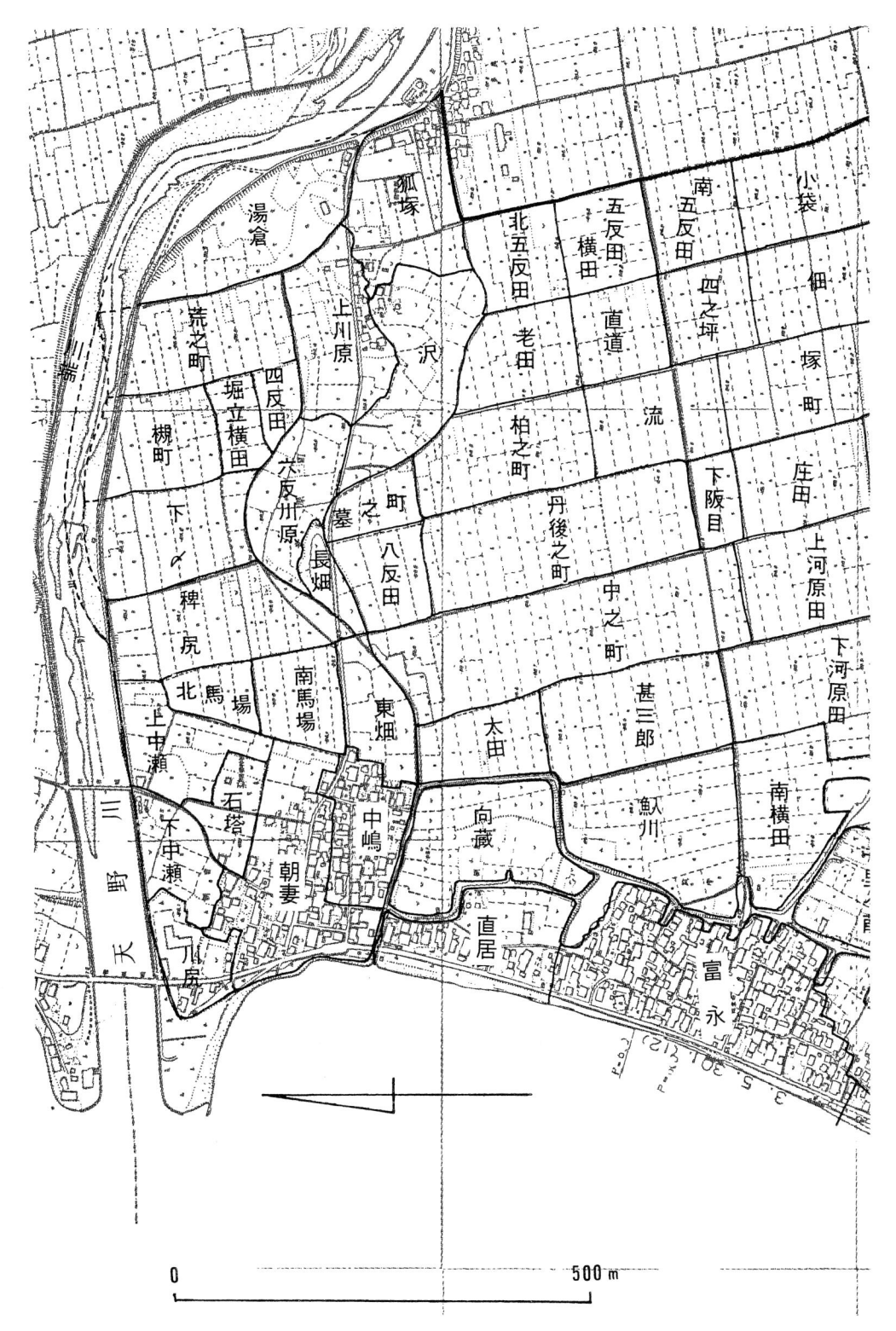

第9図　朝妻・中嶋・直居付近の字限図（『明治の村絵図』米原町　1996年による。一部改変）
天野川の屈曲部に接する小字狐塚・上川原から湖岸の小字中嶋にかけて帯状に地形の乱れが認められる。

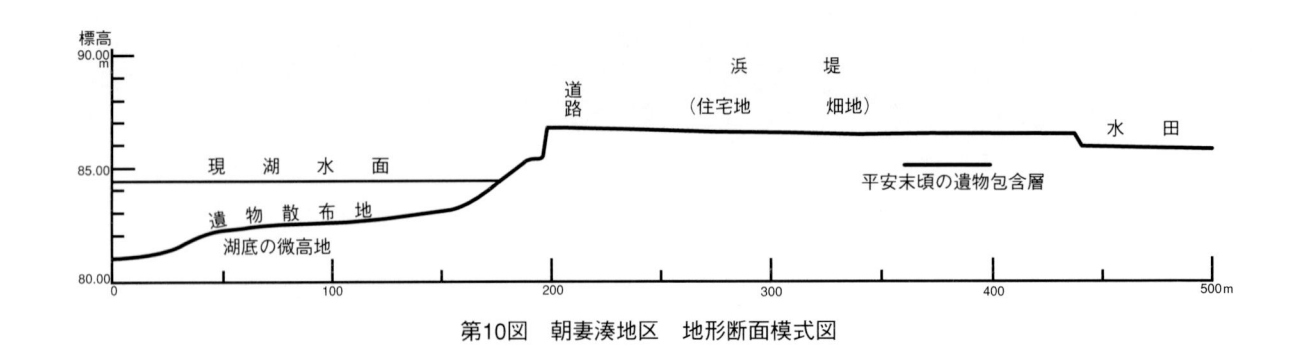

第10図　朝妻湊地区　地形断面模式図

いては、明治29年（1896）9月の琵琶湖の大洪水の際にもたらされた可能性が考えられる。

　ただ、これら三つの可能性が複合的に存在する可能性も否定しきれない。琵琶湖に流出する河川の河口部は、流下してくる土砂の堆積や琵琶湖の湖流や波によって絶えず変化していて旧状が維持されていることはほとんどあり得ない。この調査地点は天野川の河口に隣接する南側で、埋め立てにより朝妻公園も造成されているなど、旧状を求めることは容易ではない。今後さらに客観的資料の把握を積み重ねて事実が解明されることを期待したい。

E．尾張東部から知多半島にかけての瓦陶兼業窯で生産されたとみられる瓦がなぜこの琵琶湖の湖底で出土するのであろうか。

　先述の三つの可能性から検討すると、

　aに関しては、朝妻湊は文献史料（東大寺封戸荘園并寺用帳―東南院文書）からみるとすでに10世紀半ばには主要な港として位置付けられており、尾張方面からの瓦が朝妻湊に運ばれてきたことは十分考えられ、本遺跡から同時に出土した山茶椀や常滑焼などの容器類も尾張方面で製作されたもので、同様の動きとして把えることができる。鳥羽離宮東殿で極めて類似する瓦が使用されていることから、まだ京都では未確認ではあるが、軒平瓦D類と同様に本遺跡出土の瓦も京都の寺院等に供給するために運ばれる途中の瓦と考えることができる。

　bに関しては、水没した集落の一画に寺院が存在し、そこで使用されたということになるが、近江のこの地に供給し得る条件は現時点では見いだすことはできない。

　cに関しては、aとの関連で、今は未確認の朝妻湊において荷崩れなどのトラブルにより、港の水底に投げ出されていたものが、あるいは朝妻湊の一画に存在した倉庫などに一時的に保管されていたものが、天野川の氾濫によって琵琶湖の湖底にもたらされたことが想定できる。

　いずれにしても、これらの瓦は尾張方面から京都に運搬する予定であった瓦とみることができるのである。

　これまで尾張東部から知多半島方面で生産された瓦等を京都まで運ぶ経路としては海路で大阪湾に至り、淀川・鴨川をさかのぼるルート、あるいは海路で伊勢湾を横断し、東海道を利用するルートが想定されていた[註13]。しかし、そのルートとして陸路で東山道を利用して朝妻港まで運び、船に積み替えて大津港まで、あるいは瀬田川・宇治川を運航して再び陸路で京都の供給地に運び込むというルートの存在が新たに浮かび上がってきたといえよう。

## （2）筑摩神社沖地区

### 1）調査状況

　当該地は遠浅の朝妻湊地区とは大きく異なり急激に深度を増す。このため、素潜りや地形測量は困難でスキューバダイビング調査と水中ロボット調査を実施した。スキューバダイビング調査は1998年8月初旬から開始した。以後、1999年には水中ロボットを導入して両調査を併用して進め、2003年秋を調査の一応のメドとした。

　当該地は筑摩神社所伝の絵図を参考として、そこに描かれている湖岸の大鳥居や石垣を確認するという目的をたてて広範囲に調査を行った。湖底面は広範囲に小砂利が続き藻が比較的粗状に繁茂する。沖合に行くにしたがってゆるやかな傾斜をなし次第に深度を増していく。

　現筑摩神社の鳥居の沖合まっすぐの地点から北側はほとんど手掛かりがなかったが、地元の漁師田辺孝夫氏から、神社の沖の北寄りに網を打つと引っ掛かるところがあると、およその地点を教えていただいた。長らく手掛かりのない状態が続いたが、1999年8月末、神社の北東部の沖合約280m、水深約4.3mの地点で石群が確認できた。そして、2002年夏、この石群を20分の1で実測して初めてこの石群の全容が判明した。透視度が1.5m程度であり、湖底でダイバーが動くとすぐにドロを巻き上げるなど悪条件が重なり、水中での写真やビデオ撮影では部分的にしか写らず、ダイバーでも全容はなかなか把握し難い状況であったからである。

　20分の1の実測は、石群の東西のほぼ中央とみられる地点に、磁石を利用して南北に細ロープを引き、基準線とした。次に、南北のほぼ中央とみられる地点に先のロープに直交するよう、ピタゴラスの定理（三平方の定理）を応用して東西にロープを引き、これらを東西南北の基準線とした。さらに、これらを基準として石群全体を覆う形にロープによって1mメッシュを組み、スタッフ（箱尺）や巻尺、コンベックスを利用して陸地と同様の実測調査を行った。

　神社の南西部一帯の湖底は粘土質で、時期不明の木材群や近・現代のものとみられる陶磁器類が湖底に散在している。こうした中で不定形土坑・円形土坑、縄文土器片などの遺構・遺物が確認された。この土坑の20分の1の実測は2003年夏に実施した。なお、この粘土質の湖底から地元の漁師堀部良雄氏がかなりの数の須恵器甑等を網で引き上げたとされ、その一部をご提供いただいたので実測図・写真を提示する（第18図、図版8・9）。

### 2）遺構

**A．石群**（第12図、図版5-1～4、図版10-3）

　この石群の中心地点（東西南北に張った基準線の交点）は簡易な機器のGPS測定（誤差が比較的大きく、参考までにその数値を示す）で、N35°19.194′、E136°15.879′の地点、簡易な測距器で石群直上の船から陸地の3地点を測り、これらを2500分の1の地図上でその交点の近似値を求めて石群の位置とした。この石群は基準水位の湖岸の汀線からの最短距離にして277m沖合の地点に存在するということになる。石群地点の標高は、測定日の琵琶湖の水位を基準として水深を求めて標高に換算し

第11図 筑摩神社沖地区 遺構・遺物検出地点

磁北

0  1  2m

第12図　石群平面実測図（×地点は須恵器横瓶出土地点）

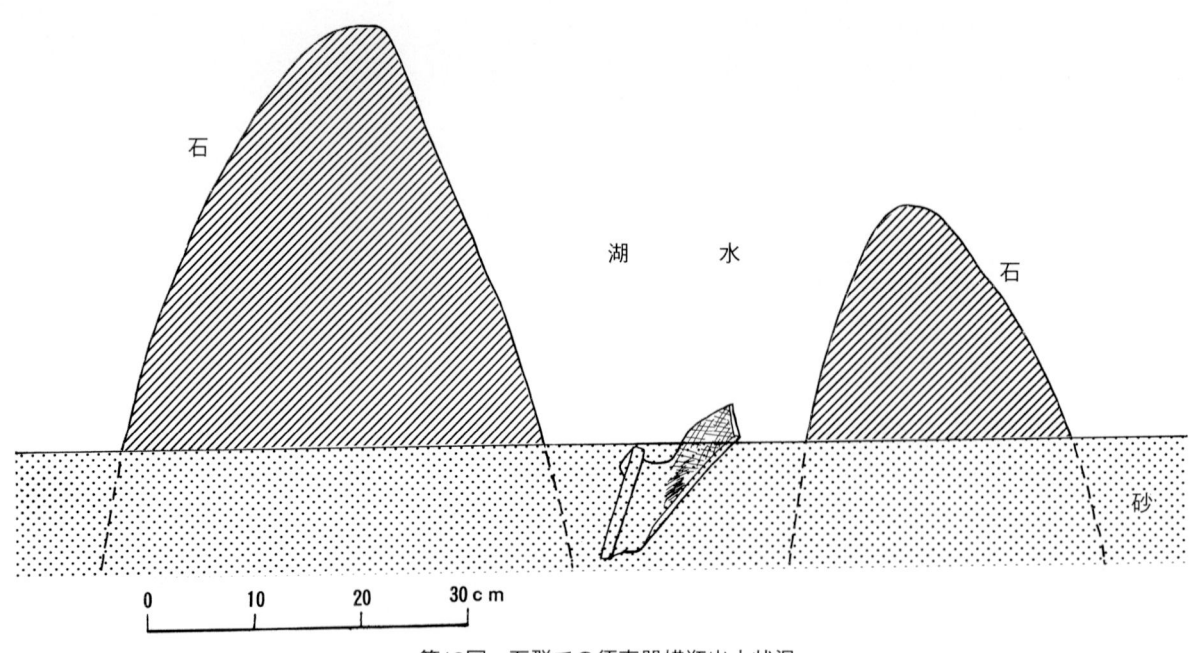

第13図　石群での須恵器横瓶出土状況

第3表　筑摩神社沖地区不定形土坑地点の竹材の放射性炭素年代測定（AMS法）結果[註14]

| 試料名 | 補正年代 BP | δ13C（0／00） | 測定年代 BP | Code.No. |
|---|---|---|---|---|
| NAOE-CHM1-2 | －4580±30 | －25.99 | －4570±30 | IAAA-31343 |
| NAOE-CHM5 | －4570±30 | －26.29 | －4550±30 | IAAA-31344 |

※いずれも年代値はマイナスの値を示し、試料中の14C濃度が、標準とされる現代の炭素の14C濃度を超えるものであった。この測定では、標準現代炭素の2倍に近い濃度が測定された。この原因としては、試料の生育した時期が核実験により大気中に多量の14Cが加えられた1960年頃以降であったことが考えられる。したがって、本試料は1960年以降のものであると判断される。

第4表　筑摩神社沖地区不定形土坑地点の竹材の材種鑑定[註15]

| 試料名 | 和名 | 学名 |
|---|---|---|
| NAOE-CHM1 | マダケ属 | Phyllostachys sp. |
| NAOE-CHM3 | マダケ属 | Phyllostachys sp. |
| NAOE-CHM5 | マダケ属 | Phyllostachys sp. |
| NAOE-CHM8 | マダケ属 | Phyllostachys ps. |
| NAOE-CHM9 | タケ亜属 | Subfam.Bambusoidea |

た。石群地点の湖底面は標高80.061m、基準水位からの水深は4.31mの深さである。

　石群は東西約4.8m、南北約10mの範囲に散在する。石材の密集する所が中央付近と南端付近にあり、南端付近では石材が何段か重なっている所がある。現状からは石材は自然石の割石で、人為的に並べたり、積み重ねた形状は認められなかった。また、現湖底面下にさらに石材が埋もれているかいなかについては、掘削して調査していないため明らかでない。石材は合計約80個あり、大きなもので80cm×45cm×40cm、65cm×50cm×30cm程度、小さなもので15cm×10cm×10cm程度の大きさである。この石群の周辺は何度も繰り返しダイビングあるいは水中ロボットで探査したが、小砂利の凹凸のない

第14図　不定形土坑　実測図

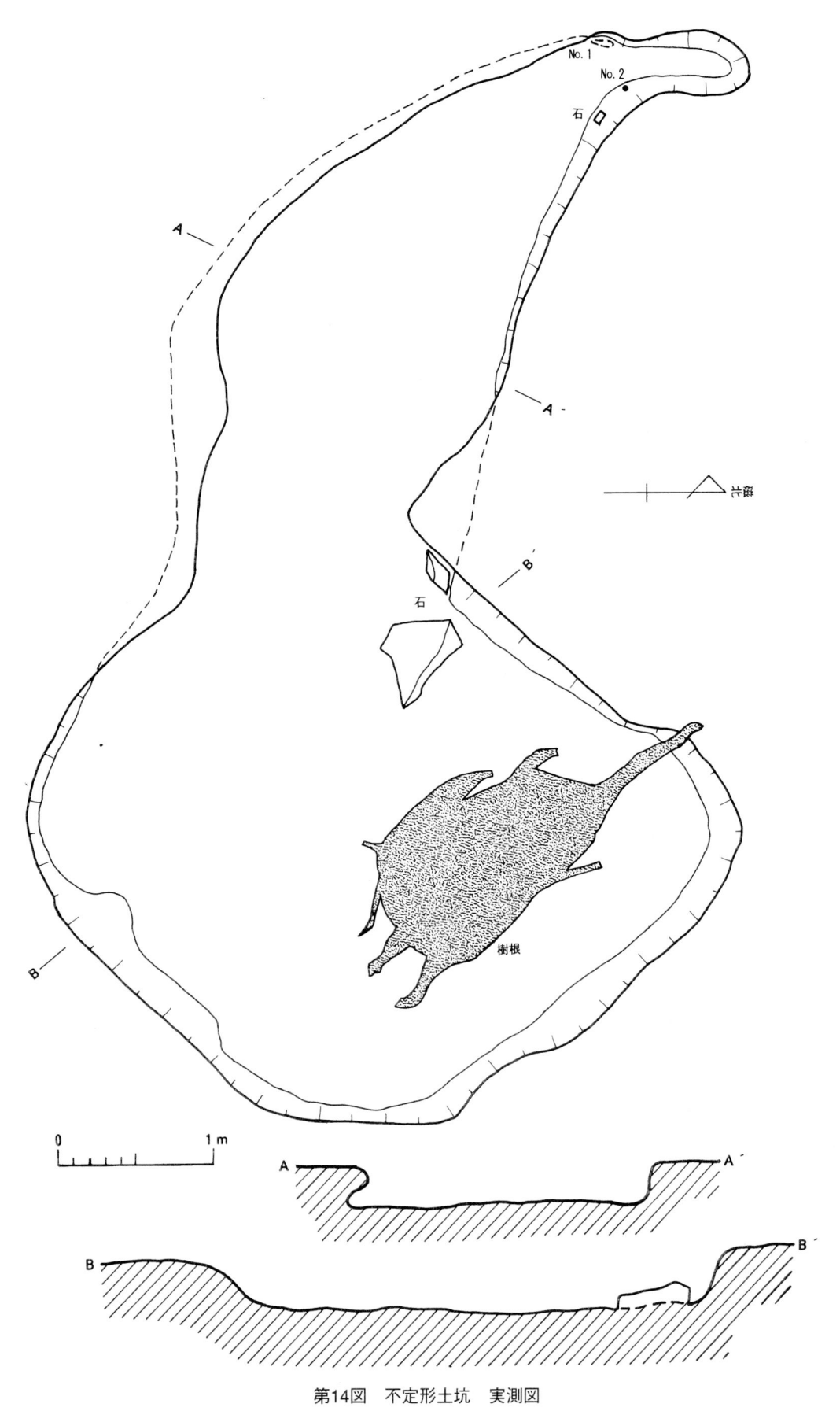

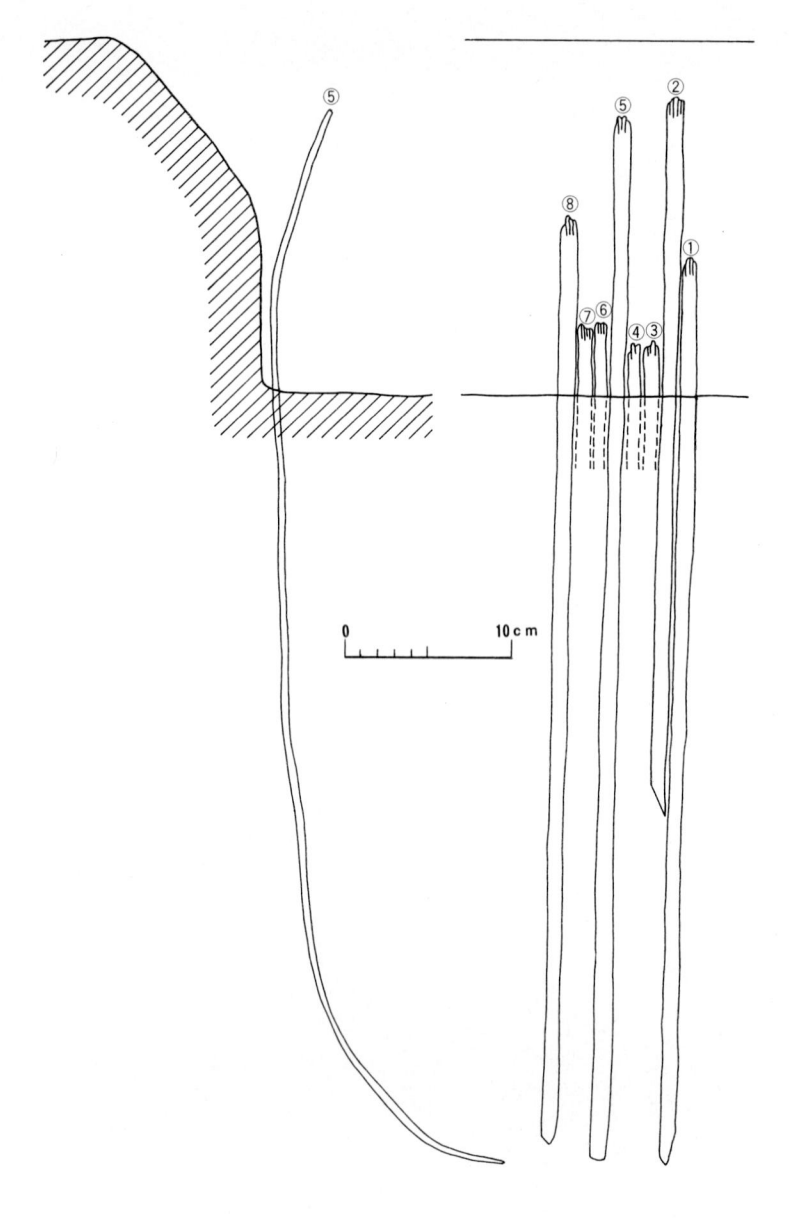

第15図　割竹No.1地点の割竹検出状況

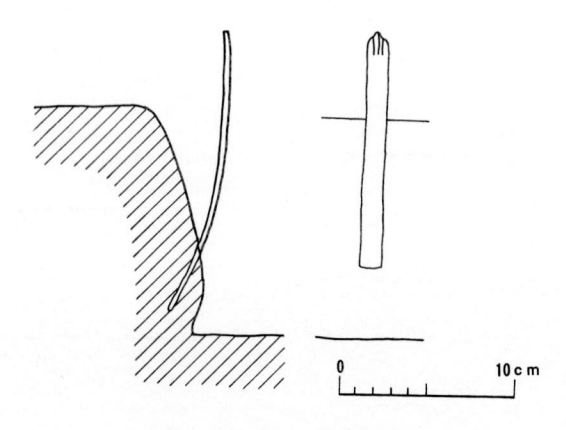

第16図　割竹No.2地点の割竹検出状況

第17図　円形土坑実測図

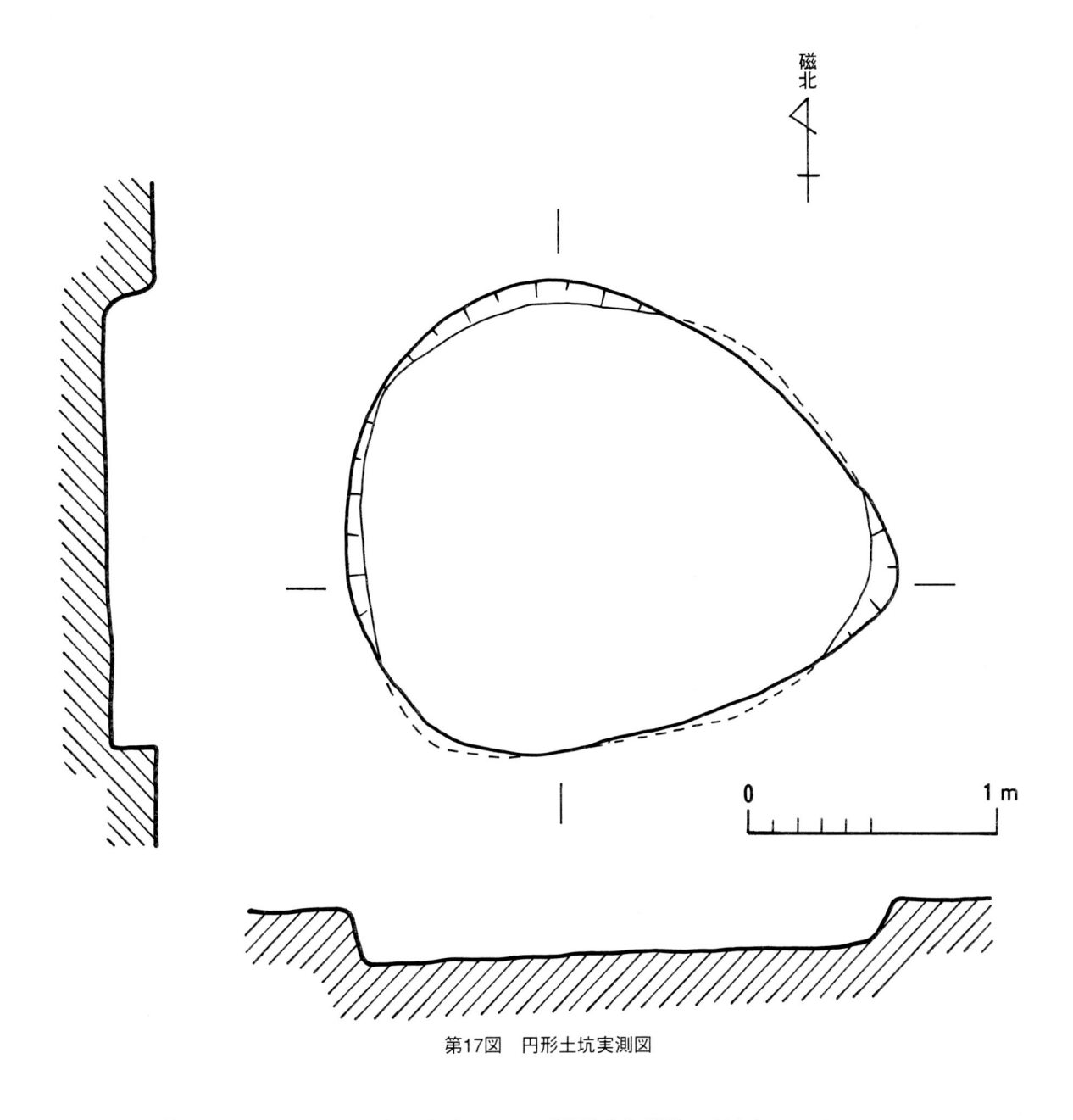

湖底面が広範に広がっている。そうした中にこの石群だけが単独で存在している。

　南端付近の密集した石群の、石と石の間の砂地に、須恵器の横瓶の口頸部から体部の一部にかけての破片が、大半が砂の中に埋もれた状態で発見された（第13図、図版5－4）。そのすぐ横の砂地の上にはそれに接続する体部の小破片も見つかった。この土器への湖成鉄の付着状態からその埋没状態が復元できる。湖成鉄は湖底に埋もれた部分には付着せず、湖底面に顔を出した部分にのみ付着するからである。

　この石群は周辺の湖底の状況や陸地部に大きな川が存在しないことなどから、自然の営力でこの地点にもたらされたとはとても考えられない。人為的に何らかの目的でこの地点にもたらされたものと判断される。また、石と石の間の砂地に大半が埋もれた状態で見つかった須恵器も自然の営力で、あるいは湖上から人為的に投げ込まれたものとも考えられない。周辺の湖底には近・現代の陶器類がかなり散在するが、いずれも埋まった状態のものはなく、湖底面に全体が乗った状態で発見されるから

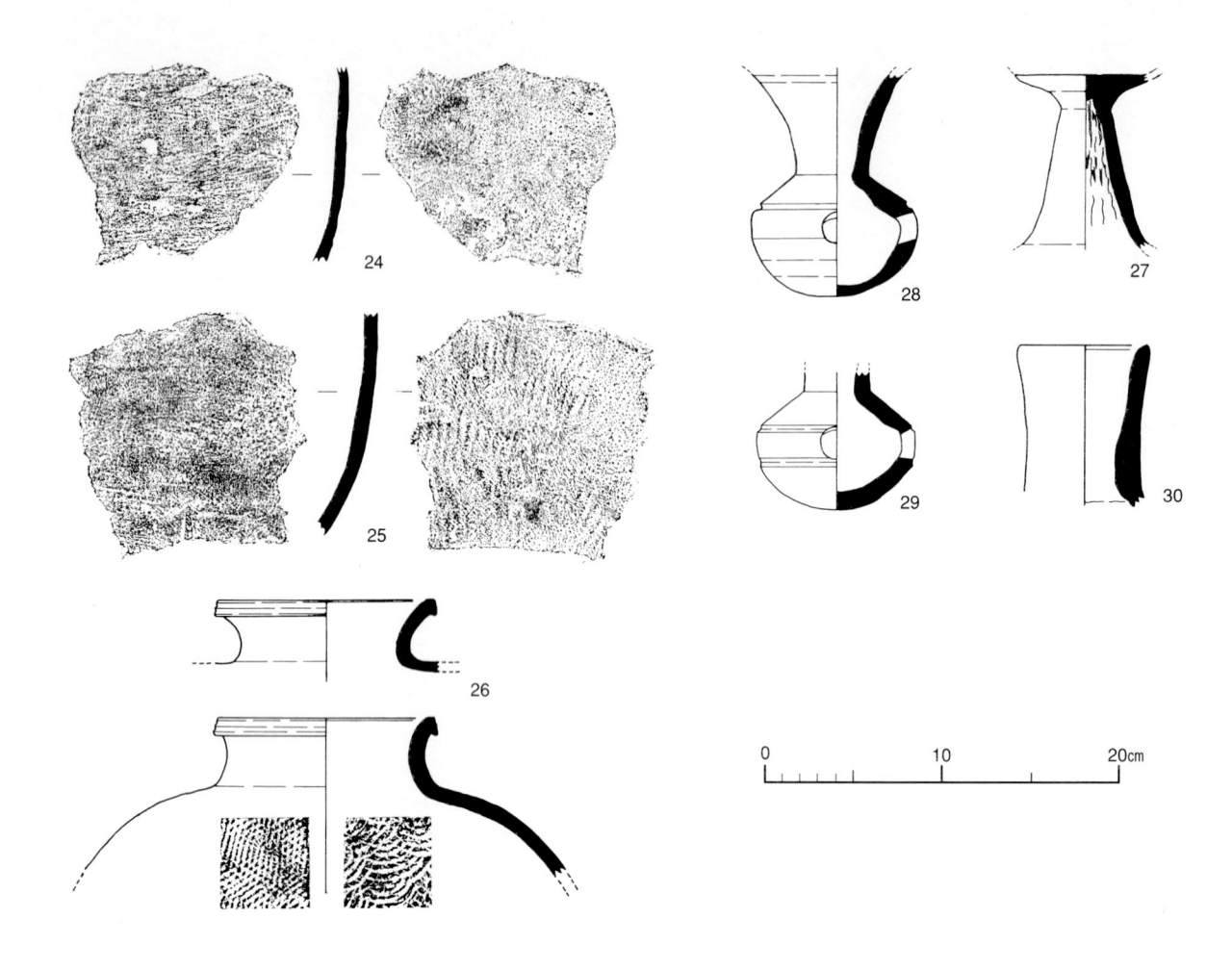

第18図　筑摩神社地区出土遺物

である。水深4.3mもの湖底では湖上の風波の影響はほとんど受けないものと考えられる。

　したがって、元来、石群とこの須恵器は不可分の関係にあって、石群を含むまわりの状況に何らかの変動が生じて現状に至ったものと判断される。

B．不定形土坑（第14図、図版7-1・2）

　1998年の発見時には溝状遺構とみなしていたが、2003年夏の詳細な調査で、不定形の土坑と判明した。位置の確認や調査方法は石群のそれと同様に行った。GPSによる参考値は、N35°18.922′、E136°15.824′、基準水位での汀線からの最短距離は約123m、土坑肩の湖底面の高さは、標高80.821m、水深にして3.550mの地点である。この不定形土坑の平面形は、瓢箪形を呈する。東西方向に長く、西に行くほどすぼまり、東部に南北の最大径をもつ。東西の長さ約6.8m、東部にある南北の最大径は4.65mを測る。掘込みの深さは全体的に約0.25mで壁は垂直に近いところ、かなり傾斜をもつところ、オーバーハングしているところなどがあり、一定していない。底部は平坦で、泥が堆積している。土坑西端付近の北壁（割竹No.2地点のすぐ東側）から石材が突き出た状態で認められ（図版7-2）、土坑中央部北寄りの底部には長径約0.7mの割石が横たわっていた。一帯の粘土質の湖底面の状況からみて、自然堆積によるものとは考えられず、この土坑の形成と何らかの関連が窺えるが、詳細は明らか

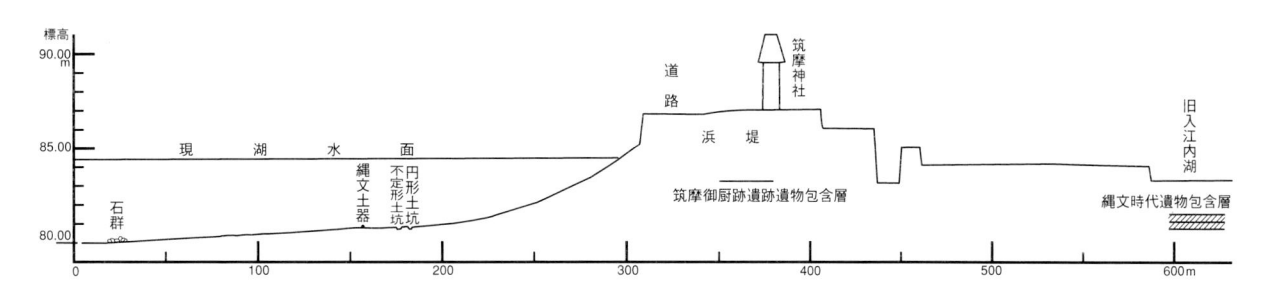

第19図　筑摩神社沖地区地形断面模式図

でない。

　西端近くの西壁と東壁に接するように割竹が土坑底部に差込まれた状態で発見された（第15・16図、図版7－3）。西側のそれを割竹No.1地点、東側のそれを割竹No.2地点とした。No.1地点では8本の割竹が密に並べて差込まれていた。北から順に①～⑧の番号を付し状況を観察すると、土坑底部から水中に出ている長さは①8cm、②17cm、③3cm、④3cm、⑤16cm、⑥4cm、⑦4cm、⑧10cmで、いずれも1.5cm前後の幅に割った竹であった。このうち竹材の正確な種類や放射性炭素年代測定等を調べるために①②⑤⑧の4本を採集した。引き抜くと、何れも弓のように屈曲し、その下端は斜めに鋭く切断されていた（図版10－4・5）。湖底に差込むためにとがらせたものであろう。湖底には長いもので（①⑤⑧）約42cm、短いもので（②）約24cmほどが差込まれていた。

　No.2地点には1本の同様の割竹が差込まれていたが、下端部は壁の中に入っている。この割竹の下端は既に折れて欠失していた。

　これらの割竹は割った後、調整を加えていて、内側を削っているが、特に節の部分はていねいに削って平滑にし、面取りも行われていた。

　この放射性炭素年代の測定結果[註14]や竹材の種類[註15]は第3・4表に示すとおりで、現代のものと判明した。おそらく、エリに用いた割竹の一部と考えられる。

　この割竹と不定形土坑との関連が問題になるところであるが、エリの設置時あるいは使用時に湖底をこのように大きく掘削する必要はなく、水深3.5mもの湖底を掘削することは極めて困難である。この不定形土坑と割竹は偶然に一致したもので、元来、不定形土坑と割竹は別個のものと判断される。

ｃ．円形土坑（第17図）

　不定形土坑と同様に、湖底に粘土質土が広がる地域で検出された。位置の確認方法は石群と同様の方法による。GPSによる参考値は、N35°18.895′、E136°15.798′、基準水位での汀線からの最短距離約117m、土坑肩の湖底面の標高は80.791m、水深3.580mの地点である。不定形土坑の南西約55mの地点に当たる。20分の1の実測調査の結果、平面形は東西にやや長い卵形を呈し、規模は、南北径約1.8m、東西径約2.3m、掘込みの深さは、最深で0.22m、最浅で0.17m、東にいくにしたがい少し浅くなっていく。底部は平坦で砂と泥が少し堆積している。肩部はやや丸くなり、内側にえぐれている部分もあるが、元来はほぼ垂直に近い状態で掘込んでいたものと思われる。この土坑に関連する遺構・遺物は何ら見いだせなかった。

### 3）遺　物（第18図）

縄文土器（24・25）[註16]　いずれも湖底面にわずかに泥を被った程度で顔を出していた深鉢の体部破片である。24の出土地点の詳細は提示し得ないが、25の少し北側付近で発見された。いずれも摩耗痕は全く認められず、炭化物の付着状況からみて、原位置からの水平移動はほとんどないとみられる。

24は外面の地文はなく、内面に条痕文を加えている。内外面にコゲやふきこぼれとみられる炭化物の付着が著しい。縄文前期前葉に位置付けられる。

25は基準水位時の汀線から約142m、標高80.801mの地点（N35°18.927′、E136°15.798′）で発見された（図版7－4）。外面に粗い撚り（LR）の縄文を地文として施している。内面には炭化物の付着が著しく、外面には煤の付着が認められる。縄文中期の船元式とみられる。

須恵器（26）[註17]　石群の南東寄りの、石と石の間に口頸部が湖底の土の中に埋まり、体部の一部がわずかに顔を出した状態で発見された（第13図、図版5－4）。原位置での出土状況の写真はおさえられなかったが、湖底から顔を出していた部分には湖成鉄が明瞭に付着しているため、その状況から埋没状況が復元できる。横瓶の口頸部と体部の破片で、口縁部をわずかに外反させて立ち上がり、端部外面を肥厚させるものである。体部の内外面には叩き文が明瞭に認められる。7～8世紀の所産とみられる（図版8）。

〔網で引き上げられたとされる遺物〕（第18図27～30、図版9－6・7）

土師器（27）　高杯の脚部である。脚部を絞って杯部に接合した絞りの痕跡が脚部内面に明瞭に認められる。裾部は大きく広がる形状を示す。上端と裾部の破面は摩耗が著しい。古墳時代の所産とみられる。

須恵器（28～30）　28・29は甑で、いずれも頸部下半はすぼまり、口縁部が大きく広がる形状をもつ。28は、体部の肩部は一条の沈線が施され、最大径部より下半はていねいに横方向にヘラ削りされる。29は最大径部の上下に二条の沈線が施され、底部は不定方向のヘラ削りの後ナデで仕上げている。いずれも摩耗痕は認められない。6世紀後半～7世紀前半の所産とみられる。

30は長頸壺の口頸部である。摩耗痕が著しい。下端に体部との接合痕が認められる。7～8世紀のものとみられる。

摩耗痕の著しい長頸壺などは、湖岸の波打ち際で長らく洗われていた状態を示していて、湖底に遺存していたものとは考えにくい。あくまでも参考資料として取扱いたい。

### 4）小　結

筑摩神社沖地区の調査結果をまとめると、

① 石群は7～8世紀の横瓶（この年代の範疇内に作成されたとかんがえられるもので、現時点ではこれ以上詳しい年代特定は困難）を伴う何らかの構築物であったとみられる。

② 不定形土坑も円形土坑も人為的に掘込まれた遺構とみられる。時代は不明。

③ 一帯の湖底には、湖底面に顔を出した状態で、縄文時代の土器、古墳時代の土器が存在し、それらは平面的には大きな移動はなく、原位置に近い地点に存在するとみられる。

これらの遺構・遺物が現在なぜ湖底にあるのか、特に①②の「不動産」である遺構の存在について、3つの仮定を想定して検討する。この仮定は、遺構が湖底に存在する成因の3つの可能性を典型的な型として仮定したもので、実際にはこれらの変形は当然考慮されるべきではある。

A．遺構の造られた時点での水位・地盤ともに現在とほぼ同じと仮定した場合。

　石群については、石材を船か筏でこの地点まで運んできて沈めたことになるが、その労力は極めて大きく、その目的や用途については全く説明がつかなく、その必然性も考えられない。石の間に埋まっていた須恵器の存在も説明できない。

　また、土坑に関しては、それを掘るとすれば、船か筏に乗って長い柄のついた鋤状のもので掘込むことになるが、それも大変な作業で、その目的が全く想定できない。

　したがって、この仮定は成立しないと判断される。

B．地盤の高さは現在と変わらず、遺構成立時点は陸地であって、この遺構は原位置を保ち、その後、水位が上昇して現在に至ったと仮定した場合。

　石群については現在みるより整った構築物であったものが、水位上昇に伴う強い波浪の影響により、現在のように崩壊した可能性を想定し得る。この場合、須恵器の示す年代の水位は標高80m以下でなければならないが、この石群は広範な広がりはみせず、部分的なものでしかないので、湖岸の防波堤や石垣とは考えられず、小規模で単独の構築物とみられる。このため、強い波浪を避け得る安定した場所に築造されたと考えると、少なく見積もっても湖面より1.5m前後は高い位置とみなければならない。なぜなら、近年の琵琶湖の水位に基づいて形成されたとみられる米原町〜彦根市の湖岸の浜堤は、高い所で標高85.5〜86.0mを測り、この位置まで波浪の影響のあることを示している。そして、住宅は低い所で86.3〜87.0mの位置に建てられるからである。したがって、当時の水位は標高78.5m前後あるいはそれよりやや低位と仮定できる。

　7世紀後半頃の水位に関しては大津市瀬田川の唐橋遺跡の発掘調査で、勢多橋の橋脚台遺構が検出され、その川底の標高は80.8mであることが判明している[註18]。

　『日本書紀』によると、壬申の乱の最後の決戦（672年7月22日）が勢多橋攻防のかたちで展開する。両軍が瀬田川を挟んで対峙するが、攻める大海人軍はいかにこの瀬田川を越えるか、迎え撃つ近江朝廷軍はいかにそれを阻止するか、互いにせめぎ合う。もし、この時の水位が、人馬が容易に渡河できる程度であれば、この時の近江朝廷軍のとった作戦はあり得ないと思われる[註19]。勢多橋付近の水位は低く見積もっても人の背の立たない2m前後はあったと想定される。こうみると、勢多橋付近の地盤が当時から不変とみなすと、当時の琵琶湖の水位は標高82.8m前後ということになり、先の78.5m前後とする仮定とは4.3mも差が生じて大きく矛盾することになる。したがって、この仮定は成り立たないことになる。

　さらに、陸地の粘土質の地盤に掘込んだ不定形土坑と円形土坑は水位の上昇により、それが波打ち際に至ったとき、波浪によってその遺構は簡単に消失してしまっていると思われ、この点からもこの仮定は成立し難い。

### C．水位は現在と大きな変化はなく、地盤が沈降したと仮定した場合。

　須恵器の示す年代にはこの地点は陸地であり、石積みあるいは石組等の構築物が造られていたが、それ以降のある時期に地盤の沈降があってこの構築物は崩壊して現在に至ったとみることができる。そして、その遺構に伴っていたこの須恵器横瓶もその時共に湖底に沈んだ、と考えるのが調査結果から得られた状況の最も自然な解釈といえる。伝承・口伝や古絵図・『筑摩大神之紀』の内容もこの仮説に符合している。

　筑摩神社の古絵図には朝妻集落と西邑集落の間、息長川（天野川）の河岸に「息長王陵」と記された円形のマウンドとその中央に松の木が描かれている（図版2－3）。その実態は明らかでないが、この湖岸の一画に古墳の存在を想定し得る。

　湖岸で確認された石群の性格の一つの可能性として横穴式石室墳が想定される。その理由の一つは石群の石材の散らばる範囲や石材の状態から、もう一つは伴出した須恵器の横瓶は横穴式石室墳の副葬品として一般によくみられる遺物であることからである。

　以上の検討から、この筑摩神社沖地区一帯は須恵器横瓶の示す年代の時期には陸地であり、それ以降のある時期に地盤の沈降現象が生じて現在みるように湖底に没したと考えられるに至った。その地盤の沈降現象はおそらく大地震によるものと想定される。出土した炭化物が顕著に認められる縄文土器や土坑の存在も、一括して地盤が一気に沈んだとみれば、さほどの矛盾もなく説明がつく。

　この地盤沈降現象は地震による断層の垂直変位による直接的な沈降ばかりでなく、地震動による軟弱地盤の圧密沈下現象も考慮に入れる必要がある[註20]。

### 【註】

1．土器類に関しては、中世土器研究会編『概説　中世の土器・陶磁器』（真陽社　1995年）を参考にしたが、滋賀県文化財保護協会主査畑中英二氏のご教示に負うところが多い。氏に感謝したい。
2．伊野近富「土師器皿」（『概説　中世の土器・陶磁器』　中世土器研究会編　真陽社　1995年）
3．山下峰司「灰釉陶器・山茶碗」（『概説　中世の土器・陶磁器』　中世土器研究会編　真陽社　1995年）
4．中野晴久「常滑・渥美」（『概説　中世の土器・陶磁器』　中世土器研究会編　真陽社　1995年）
5．前掲書註3
6．名古屋方面の瓦については名古屋市博物館学芸員梶山勝氏に資料の提供とともに多くのご教示をいただいた。また、平安京の瓦については京都市埋蔵文化財調査研究所統括主任の上村和直氏に資料の提供と有益なご教示を、また、京都文化博物館主任学芸員の植山茂氏からも鳥羽離宮等での出土の指摘を受けた。記して感謝したい。
　　なお、本学教授の高橋美久二氏からもこの軒平瓦が尾張産で平安京の鳥羽離宮跡で出土するものに類似するというご指摘を受けた。謝意を表したい。
7．①名古屋考古学会『古代人』第38号・第41号・第43号・第45号・第47号・第54号　　1981年・1983年・1984年・1985年・1986年・1993年
　　②尾野善裕「八事裏山1号窯跡群の基礎的再検討」（『古代人』第54号　名古屋考古学会　1993年）　氏によると、八事裏山1号窯群はAからFの5窯から成り、1期をD・E窯の操業、2期をF窯の操業、3期をC窯下層の形成、4期をC窯上層の形成およびA・B窯の操業期として整理し、軒平瓦D類は2期（12世紀第2四半期頃）の所産と位置付けている。
　　③梶山勝氏のご教示によると、現在、八事裏山1号窯群の資料を保管している荒木集成館の遺物のうち、このD類のものは9点あり、うち3点がD1タイプとされる。製作技法をみると、いずれも平瓦凸面端部に粘土を加えて瓦当部を作り出す手法である点、自然釉が一部発色したものがある点、凹面を板状工具で調整する点などは尚江千軒例と類似する。しかし、平瓦部凸面に縄目叩きが八事例にはあるが、尚江千軒例ではそれがみられず、

胎土も八事例は精良であるのに対し、尚江千軒例は砂粒が多く粗い点などが異なっている。
8．①柴田勇夫「平安京へ運ばれた瓦」(『古代の瓦を考える―年代・生産・流通―』帝塚山考古学研究所　1986年)
　　②半田市立博物館『特別点　知多の古瓦』　1993年
9．①上原真人「古代末期における瓦生産体制の変革」(『古代研究』13・14　元興寺文化財研究所考古学研究室　1978年)
　　②前掲書註8－①
10．京都市埋蔵文化財調査研究所上村和直氏のご教示による。
　　①「第112次調査」(『鳥羽離宮跡発掘調査概報』京都市文化観光局・㈶京都市埋蔵文化財研究所　1986年)
　　②「第128次調査」(『鳥羽離宮跡発掘調査概報』京都市文化観光局・㈶京都市埋蔵文化財研究所　1989年)
　　③「鳥羽離宮跡　第127次調査」(『昭和63年度京都市埋蔵文化財調査概要』㈶京都市埋蔵文化財研究所　1993年)
　　④「鳥羽離宮跡　146次調査(第4工区)」(『鳥羽離宮跡・下鳥羽遺跡』㈶京都市埋蔵文化財研究所　2002年)など
11．前掲書註7－②
12．港に防波堤などの施設の構築を示す平安時代の文献史料として以下の事例がある。
　　　『類聚三代格』の「船瀬并浮橋布施屋事」に、①摂津国の大輪田船瀬において、風波により「石掠」(高波によって防波堤の石が海に持ち去られる事態か)が生じたための修理に関すること。仁寿三年(853)十月十一日　太政官符。②近江国和邇船瀬における風波によって次第に頽壊した「沙石之構」(小石と石により造られた防波堤か。おそらく木杭も用いたと思われる)の修理に関すること。貞観九年(867)四月十七日　太政官符
13．上村和直「後期の瓦」(『平安京提要』　角川書店　1994年)
14．パリノ・サーヴェイ株式会社の測定による。同一試料の測定は㈱地球科学研究所にも依頼したが、同様の結果が出ている。
15．琵琶湖博物館研究員　布谷知夫氏の鑑定による。
16．滋賀県文化財保護協会主査瀬口真司氏のご教示による。
17．滋賀県文化財保護協会主査畑中英二氏のご教示による。
18．大沼芳幸『唐橋遺跡』　滋賀県教育委員会・滋賀県文化財保護協会　1992年
19．『日本書紀』の672年7月のこの時の記事は次のとおりである。「辛亥（二十二日）に、男依等瀬田に到る。時に大友皇子及び群臣等、共に橋の西に営りて、大きに陣を成せり。其の後見えず。旗幟野を蔽し、埃塵天に連なる。鉦鼓の声、数十里に聞ゆ。列弩乱れ発ちて、矢の下ること雨の如し。其の将智尊、精兵を率て、先鋒として距く。仍りて橋の中を切り断つこと、三丈須容にして、一つの長板を置く。設ひ板を踏みて度る者有らば、乃ち板を引きて堕さむとす。是を以て、進み襲ふこと得ず。是に、勇敢き士有り。大分君稚臣と曰ふ。長矛を棄てて、甲を重ねて擐て、刀を抜きて急ぎて板を踏みて度る。便板に着けたる綱を断ちて、被矢つつ陣に入る。衆悉に乱れて散り走く。禁むべからず。時に将軍智尊、刀を抜きて退ぐる者を斬る。而れども止むること能はず。因りて、智尊を橋の辺に斬る。大友皇子・左右大臣等、僅に身免れて逃げぬ。男依等、即ち粟津岡の下に軍す。」
　　　　　　　　　　　　　　　　　　　　　　　　　　　　　　　　　　　　　　　(岩波書店1994年による)
20．地震研究者三木晴男氏は湖西の高島町に残される承応4年(1655)の千石組絵図と元禄元年(1688)の永田村・大溝町鮒場船路絵図の比較から、後者の絵図は地震動による圧密沈下によるものと判断されている(三木晴男「江戸時代の地震災害―寛文二年五月一日近江地震の場合」『歴史災害のはなし』思文閣出版　1992年)。また、崩壊災害研究者奥田節夫氏も、高島町白鬚神社付近の水域におけるユニブームによる堆積構造調査結果に基づき、湖岸に平行な断層に沿った地盤の垂直変化と湖岸近くの軟弱地盤の圧密沈下の複合によって、寛文2年地震により湖岸が陥没したと想定されている(奥田節夫「江戸時代の崩壊災害」『歴史災害のはなし』思文閣出版　1992年)。

# 6. 結　　　語

　1998年から2003年にかけて延べ6年間にわたって実施した尚江千軒遺跡の調査結果は、上述したとおりである。明らかになった点をさらに簡潔にまとめると次のようになる。

## （1）古絵図や文献史料・伝承・口伝に関して

① 筑摩神社に所蔵される古絵図の、それに記される製作年代や模写年代には問題があるが、それに描かれている内容については信憑性が高いことが判明した。

② したがって、古絵図に描かれていて、現在は存在しない「西邑」「神立」集落は実在した可能性が高い。

③ 信憑性のある筑摩神社所蔵の『筑摩大神之紀』の記載内容によると、永禄10年（1567）時点には、既に湖岸にあった華表（鳥居）は湖中に没しており、この年より前に大きな地盤の変化が生じたものと思われる。

④ 現状と古絵図を比較検討すると、描かれた西邑と神立の村を結ぶ線（両村を含む）より琵琶湖側が水没したとみられるが、それは現湖岸を南北に通る県道能登川長浜線がほぼその線に合致する。

⑤ 水没の原因については正中2年（1325）に近江北部や敦賀を襲った大地震によるとする伝承・口伝が多い。

## （2）現地調査に関して

⑥ 朝妻湊地区では微高地状の遠浅が続き、その微高地の中央部から南部にかけて遺物が散布する。

⑦ その主要なものは12世紀中葉を中心とする時期の尾張系の土器や瓦であるが、これらは伝承の尚江千軒との関係は明らかではないが、直接関係する可能性は低いように思われる。

⑧ 特に、尾張系の瓦は京都の鳥羽離宮等の特定の施設や寺院に供給されたとみられるもので、その運送ルートとしてこれまで知られていなかった東山道・琵琶湖を通るという新たな経路のあることが判明した。

⑨ 筑摩神社沖地区では沖合117～277m、水深3.6～4.3mの地点に、遺構として石群・不定形土坑・円形土坑が確認された。石群の時期は須恵器横瓶が示す7～8世紀代である。

⑩ これらの遺構は元来、陸地上に造られていたとみられるが、ある時期、おそらく大地震等に伴

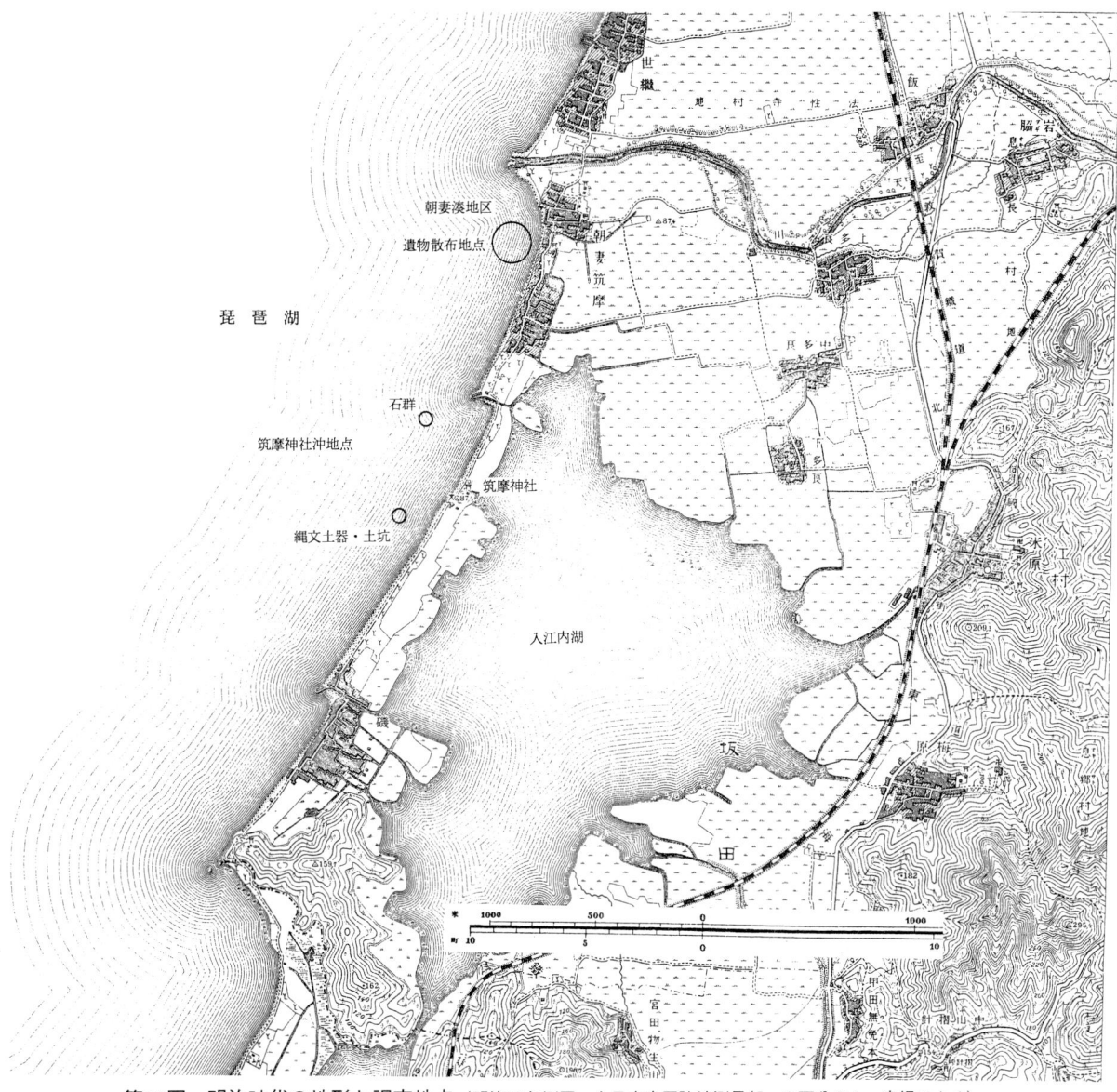

第20図　明治時代の地形と調査地点（明治26年測図、大日本帝国陸地測量部　2万分の1　彦根による）

う地盤沈下により現状にみるような湖底に存在することとなったと判断される。

⑪　石群は元来、陸地上に構築された横穴式石室墳であった可能性が考えられる。

⑫　今回の調査では「尚江千軒」の実態や古絵図に描かれた「西邑」「神立」集落そのものについては明確にできなかったものの、調査結果はそれらの存在を肯定し得る内容であった。今後ねばり強く追求することによって、次第に判明してくるものと思われる。

## （3）地盤沈下の原因となった地震等に関して

⑬　地震学者寒川旭氏（独立行政法人産業技術総合研究所）のご教示によると、当該地に大きな地盤沈下があったとすると、現在琵琶湖の北東部で確認されている柳ヶ瀬断層（さらに南に続く可能性もある）の活動に基づく可能性も考えられる。そして、柳ヶ瀬断層が引き起こした地震としては正中2年の地震があるとされる[註1]。

⑭　地震史の研究によると、この地震は正中2年10月21日（1325.12.5）に起きたもので、推定マグニチュードは6.5以上（マグニチュード7クラスの可能性も指摘されている）で、マキノ町小荒路や敦賀へ抜ける峠の山中などが大きな被害を受けている。また、竹生島の一部が崩れて湖中に没し、敦賀の気比神宮も倒潰している(註2)。

⑮　この尚江千軒遺跡の湖底への沈降の成因の可能性の一つとして、この正中2年の地震による断層の垂直変化や地震動による軟弱地盤の圧密沈下等が考えられる。これは、この調査によって明かとなった地盤沈下の可能性のある年代、すなわち7～8世紀以降と永禄10年（1567）以前の間にある年代で、この調査結果とも矛盾しない。しかし、正中2年の地震による地盤沈下は1.5m以上は考えにくいとされ（＝寒川）、それ以外の原因による地盤沈下（他の地震等による圧密沈下などによる複合的な成因）も考慮する必要がある。

⑯　その具体的で明確な時期や水没範囲、成因等については、今後さらに調査事実を積重ねると同時に、地震学や地学といった自然科学の分野との学際的研究が強く求められる。

【註】
1．寒川旭氏のご教示による。
　①工業技術院地質調査所『平成8年度活断層研究調査概要報告書』　1997年
　②工業技術院地質調査所『平成10年度活断層・古地震研究調査概要報告書』　1999年
2．宇佐美龍夫『最新版　日本被害地震総覧』　東京大学出版会　2003年

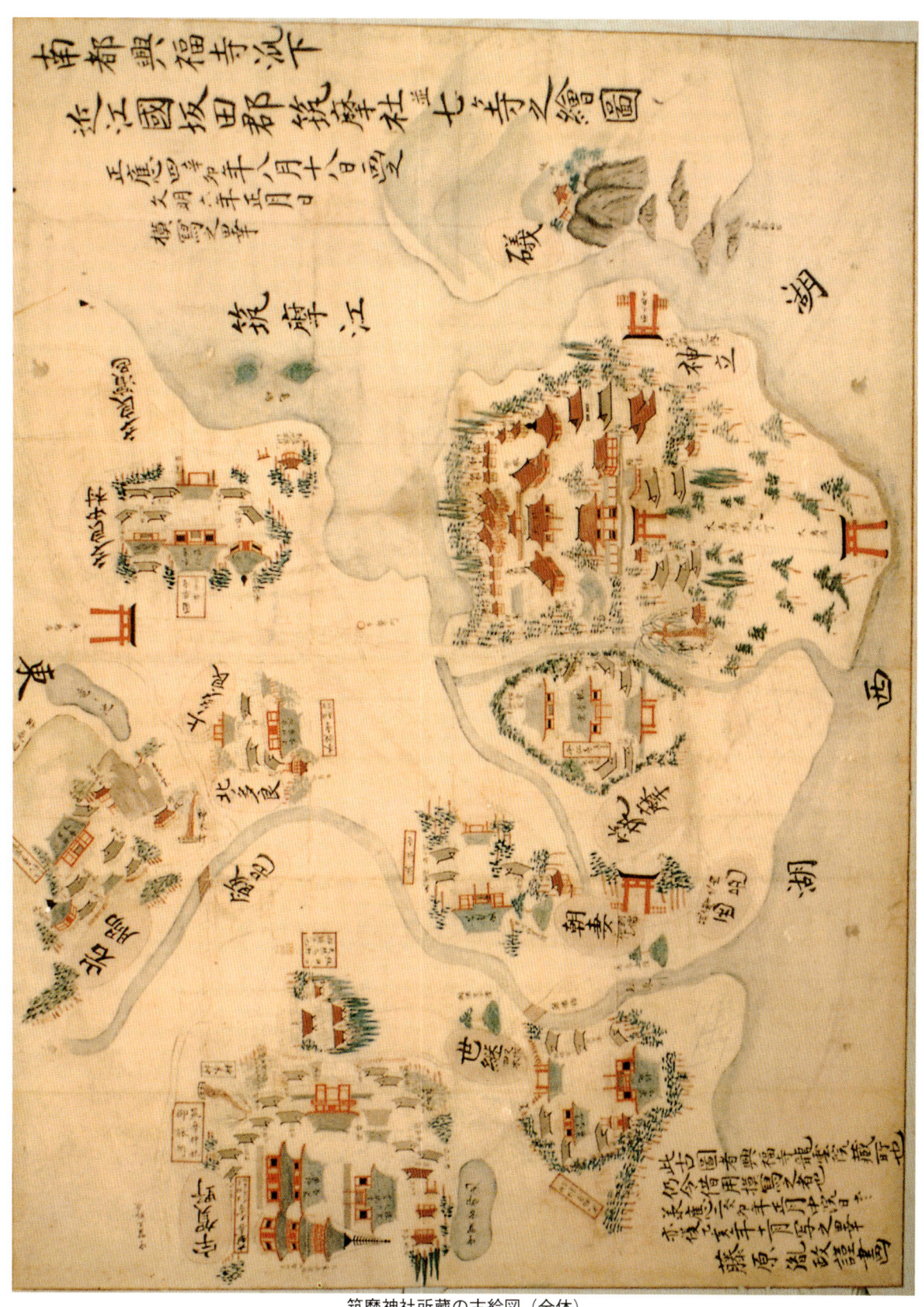

筑摩神社所蔵の古絵図（全体）

図版 二

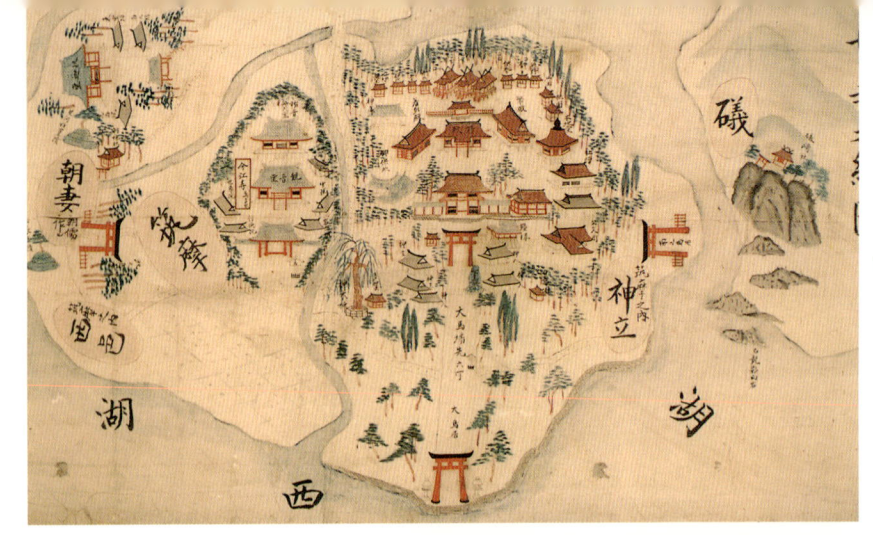

1．古絵図（筑摩神社部分）

2．古絵図（神立・鳥居部分）

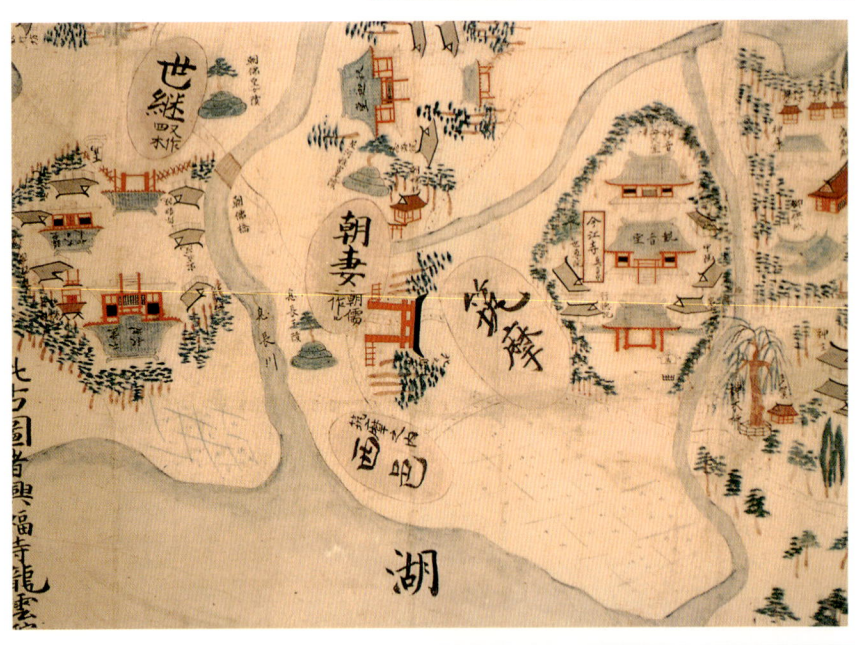

3．古絵図（西邑・朝妻・筑摩部分）

4．朝妻湊地区（北から）

図版 三

1．朝妻湊地区　測量調査(1)

2．朝妻湊地区　測量調査(2)

3．朝妻湊地区　湖底の五輪塔
　（水中ロボットによる）

4．筑摩神社沖地区　潜水前の準備
　（調査船ゲンゴロー上で）

図版 四

1．筑摩神社沖地区　潜水開始

2．筑摩神社沖地区　潜水調査
　　（正面の森は筑摩神社）

3．筑摩神社沖地区　ブイの真下が石群
　　（正面は磯集落）

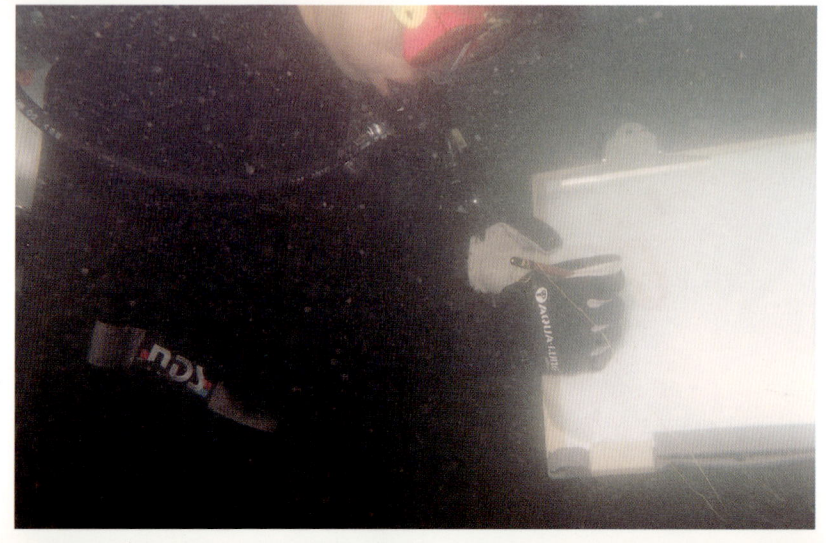

4．筑摩神社沖地区　石群の実測調査

図版 五

1．筑摩神社沖地区　石群の状況(1)

2．筑摩神社沖地区　石群の状況(2)

3．筑摩神社沖地区　石群の状況(3)

4．筑摩神社沖地区　石群での須恵器横瓶出土状況（石と石の間の砂地に一部顔を出して埋まっていた）

図版 六

1. 筑摩神社沖地区　ブイの真下が石群
（正面の森は筑摩神社）

2. 筑摩神社沖地区　ブイの真下が不定形土坑（正面の森は筑摩神社）

3. 筑摩神社沖地区　ブイの真下が不定形土坑（正面は磯集落）

4. 筑摩神社沖地区　不定形土坑の実測調査

図版七

1. 筑摩神社沖地区
   不定形土坑の掘り込み状況

2. 筑摩神社沖地区　不定形土坑の壁の石

3. 筑摩神社沖地区
   割竹No.1地点の割竹出土
   状況

4. 筑摩神社沖地区
   縄文土器(25)出土状況（土器表面の泥の除去後）

図版 八

| 須恵器横瓶 (26) | |
|---|---|
| 須恵器横瓶 (26) | 須恵器横瓶 (26) |
| 軒平瓦 (19) | 軒丸瓦 (18) |
| 軒平瓦 (19) | 軒丸瓦 (18) |
| 軒平瓦 (19) | 丸瓦 (21) |
| 丸瓦 (22) | 丸瓦 (21) |
| 丸瓦 (22) | 丸瓦 (21) |

60

図版 九

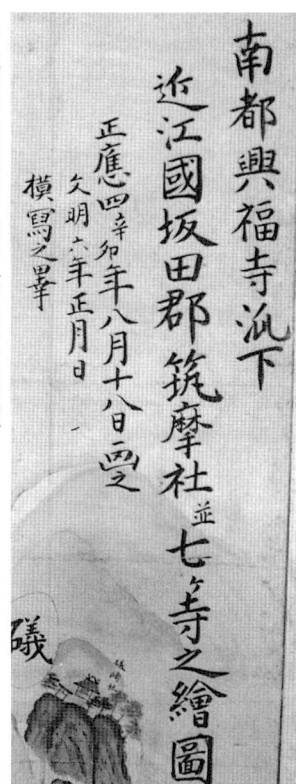

1. 筑摩神社所蔵の古絵図（右上部分の端書）

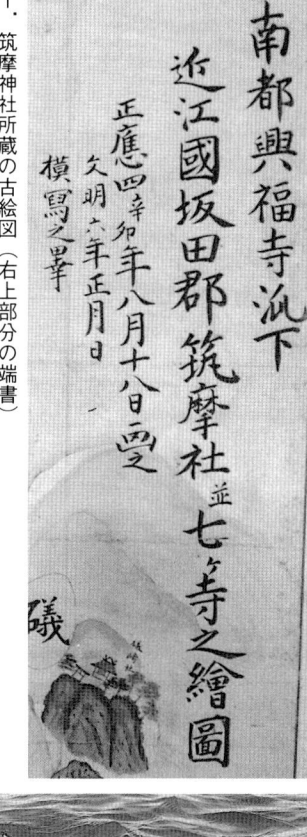

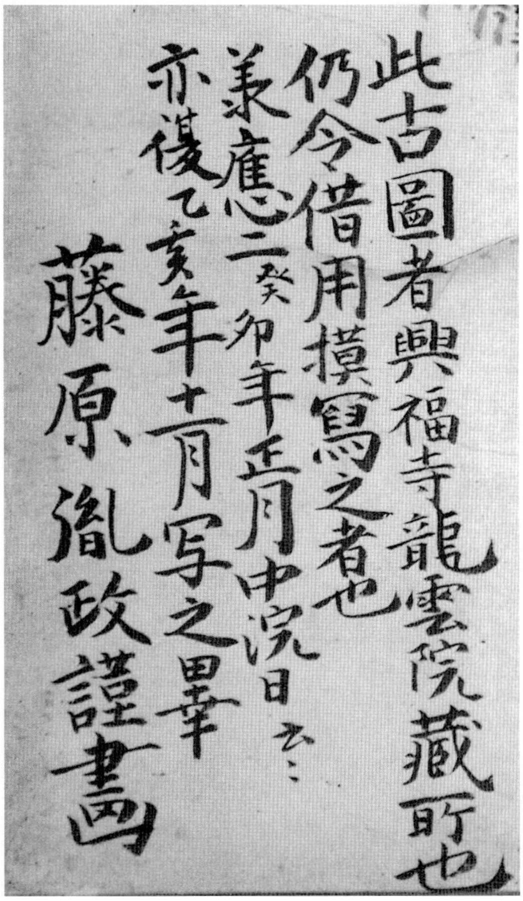

南都興福寺派下
近江國坂田郡筑摩社並七ヶ寺之繪圖
正應四年辛卯年八月十八日畫
文明六年正月日
摸寫之畢

2. 筑摩神社所蔵の古絵図（左下部分の奥書）

此古圖者興福寺龍雲院藏眠也
仍令借用摸寫之者也
兼應二癸卯年正月中浣日ニ
亦復乙亥年十月寫之畢
藤原亂政謹書

3. 潜水調査 8ミリビデオカメラ

4. 潜水調査 水中カメラ

5. 潜水調査 実測用スタッフ（箱尺）と方眼紙・画板

6. 筑摩神社沖採集の須恵器𤭯 (28)

7. 筑摩神社沖採集の須恵器𤭯 (29)

図版 一〇

1. 潜水調査 実測用テープ（巻尺）
2. 潜水調査 撮影後の遺物の引上げ 
3. 筑摩神社沖地区 石群の状況(4) 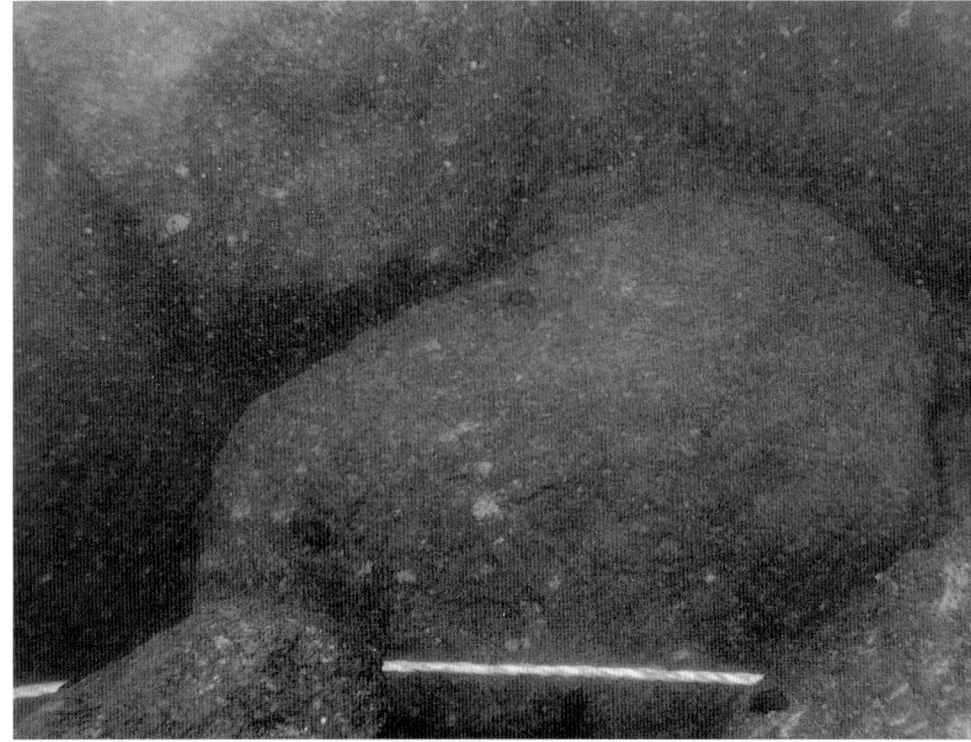
4. 筑摩神社沖地区 割竹№1地点出土割竹（外面） 
5. 筑摩神社沖地区 割竹№1地点出土割竹（内面） 
6. 長曽根港跡の現況（桟橋と防波堤）二〇〇二年九月撮影
7. 長曽根港跡の現況（防波堤）同年撮影

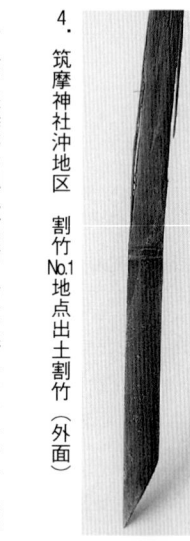

## 尚江千軒遺跡　琵琶湖湖底遺跡の調査・研究

2004年7月20日　初版1刷発行

編　　者　滋賀県立大学人間文化学部
　　　　　林　博通研究室
　　　　　〒522-8533　滋賀県彦根市八坂町2500

発行者　岩根　順子

発行所　サンライズ出版株式会社
　　　　滋賀県彦根市鳥居本町655-1
　　　　☎0749-22-0627　〒522-0004

印　刷　サンライズ出版株式会社

©滋賀県立大学人間文化学部　林博通研究室2004　ISBN4-88325-257-4
乱丁本・落丁本は小社にてお取り替えします。　定価は表紙に表示しております。